SEVE BALLESTEROS · GOLF PROFESSIONAL

SEVE BALLESTEROS
MIT JOHN ANDRISANI

GOLF
Professional

Mit Illustrationen von Dom Lupo
und Serienfotos von Leonard Kamsler

SÜDWEST

Für meinen Vater,
Baldomero Ballesteros Presmanes

Titel der englischen Originalausgabe
NATURAL GOLF

Aus dem Englischen von
Carl A. Freiherr von Thüna

First published in 1988 by Atheneum,
Macmillan Publishing Company, New York, N.Y.

Lektorat: Robert Fischer
Umschlaggestaltung: Manfred Metzger, München,
unter Verwendung eines Fotos von David Cannon/Allsport.
Satz: Typodata, München
Druck: Wenschow-Franzis, München
Bindearbeiten: Conzella, München

ISBN 3-517-01145-2

Inhaltsverzeichnis

Vorwort des Übersetzers 7
Vorwort von John Andrisani 9
Einführung 12

Wie lernt man Golf 15

Kapitel 1 Die Vorteile des Selbstunterrichts 17
Kapitel 2 Wie ich Golf gelernt habe 35

Der volle Schwung 53

Kapitel 3 Der korrekte Griff 55
Kapitel 4 Das Ansprechen des Balles 67
Kapitel 5 Der Schlag 85

Das kurze Spiel 125

Kapitel 6 Der Pitch 127
Kapitel 7 Der Chip 139
Kapitel 8 Das Putten 151

Spezialschläge 167

Kapitel 9 Bunkerschläge 169
Kapitel 10 Spiel im Wind 181
Kapitel 11 Aus dem Rough 191
Kapitel 12 Andere Recoveries 203

Über die reine Technik hinaus 223

Kapitel 13 Richtiges Üben 225
Kapitel 14 Vernünftig leben 237
Kapitel 15 Geist und Golf 241

Severiano Ballesteros

Das Bild einer Karriere 249

Vorwort des Übersetzers

Immer wieder erleben wir es, daß eine junge Frau oder ein junger Mann offenbar über Nacht in einer Sportart Karriere machen. Nach außen scheinen sie die von Millionen bewunderten, gar beneideten Kinder des Glücks zu sein, die durch die Massenmedien jedem bekannt sind. Aber nur wenige wissen, wieviel harte, disziplinierte Arbeit hinter diesen Erfolgen steht, wieviel Geduld und Verzicht es bedeutet, wie oft man allein mit Enttäuschungen und Rückschlägen fertig werden muß, bis der Sieger dann auf der obersten Stufe des Treppchens glückstrahlend in die Kameras schauen kann, die silberne Trophäe der Britisch Open küssen oder sich das »Green Jacket« der US Masters anziehen kann.

Severiano Ballesteros hat dies alles erlebt. Wie Tausende junger Menschen in aller Welt hatte er eine natürliche Begabung für Golf, aber wie kaum ein anderer hat er mit aller Konsequenz seine physische und psychische Kraft und sein ganzes Leben auf das eine Ziel gerichtet: in seinem Sport der Beste zu werden. Was dies an Willenskraft, an Opfern und nicht zuletzt an unerschütterlichem Glauben an sich selbst bedeutet, kann ein Außenstehender nur schwer ermessen.

Wenn man selbst als zehnjähriger Bub, allerdings fast vierzig Jahre früher als Seve, den ersten und einzigen Schläger und ein paar Bälle bekam, nie eine Golfstunde hatte und fast alles anderen Spielern abgeschaut hat, bis man mit zwölf Jahren sein erstes Wettspiel gewann und es eines Tages bis in die Nationalmannschaft brachte, kann man beurteilen, wie hoch die Leistung des Jungen von der Cantabrischen Küste zu bewerten ist, wie hart und dornenreich sein Weg zum Gipfel gewesen sein muß.

In einem wichtigen Punkt weicht Ballesteros von der allgemeinen Lehrmeinung ab, indem er seiner rechten Hand die dominierende Rolle im Schwung zuweist. Er sieht darin nicht nur Vorteile für den mechanischen Ablauf seines Schwungs, sondern hält dieses Konzept für einen Rechts-Spieler, und das sind sicherlich neunundneunzig Prozent aller Golfer, für viel natürlicher als eine Führungsrolle der linken Hand. Wie weit dies für die große Masse der Golfer von Bedeutung und in letzter Konsequenz praktikabel ist, sollte wohl jeder Spieler für sich selbst herausfinden.

Ballesteros will, so sagt er, mit diesem Buch dem Spiel, das ihm soviel gegeben hat, etwas zurückgeben. Uns als Lesern gewährt er nicht nur Einblick in seine faszinierende Karriere, sondern er zeigt uns auch, was jeder einzelne, unabhängig von seinen natürlichen Fähigkeiten und seinem Handicap in diesem Sport erreichen, und wieviel Freude er daraus gewinnen kann. Severiano Ballesteros hat, ähnlich wie Bernhard Langer in Deutschland, viel für den spanischen Golfsport getan, sei es, daß er unermüdlich den Bau öffentlicher Plätze fordert, sei es, daß er seine jüngeren Caddie-Kollegen ermutigt, eine Karriere als Professional zu beginnen.

So sei dieses Buch nicht nur dem »alten Hasen« sondern vor allem dem jüngeren Golfer zur Anregung empfohlen, damit auch für ihn die erste Begegnung mit dem kleinen weißen Ball und die erste Runde über achtzehn Löcher so faszinierend sein wird wie der Gewinn seines ersten Turnieres.

Vorwort von John Andrisani

Seve Ballesteros begegnete mir zum ersten Mal während der British Open von 1976 auf dem berühmten Platz des *Royal Birkdale,* bei Southport in England. Er war damals erst neunzehn Jahre alt, für einen Professional fast noch ein Kind; aber er zeigte in diesem Turnier schon eine so ungewöhnliche golferische Reife, daß nach seinem zweiten Platz in der Meisterschaft kein Zweifel mehr daran bestehen konnte, daß dieser brillante junge Spanier alles andere als eine Eintagsfliege sein würde.

Schon damals hatte Seve einen Schwung, der mir einfacher, natürlicher, rhythmischer und wiederholbarer schien, als ich ihn bei irgendeinem Profi jemals gesehen hatte – Sam Snead eingeschlossen! Auch die Furchtlosigkeit und Entschlossenheit in seinem Blick zeigten den zukünftigen Star; zu meiner Zeit hatten nur Golfer wie Ben Hogan, Arnold Palmer, Jack Nicklaus und Tom Watson diesen »besonderen Blick«. Und dann war da noch das fast unheimliche Gespür dieses Burschen für schwierigste Schläge, das ihn schon bald zu einem Liebling der Zuschauer werden ließ.

Ballesteros' Spielweise des »Alles oder Nichts« erinnerte sehr an Arnold Palmer, der in seiner besten Zeit auch an Par-4-Löchern mit dem Drive aufs Grün schlug und den Ball aus jeder Lage vom Fairway oder aus tiefem Rough »tot« an die Fahne legen konnte. Während Arnie jedoch die Lage nur flüchtig abschätzte, sich dann an den Ball stellte und ihn fast instinktiv schlug, studierte Seve jede Situation eingehend, wie ein Künstler vor einer neuen Leinwand, und machte sich in Gedanken ein genaues Bild von dem geplanten Schlag. Erst danach folgte der Schwung, immer und immer wieder mit einer fast magischen Präzision ausgeführt.

Ein besonderer Schlag, ein elegant gespielter Pitch-and-run am zweiundsiebzigsten Loch, genau zwischen zwei gefährlichen Grünbunkern hindurch »tot« an die Fahne, brachte selbst die blasiertesten Journalisten dazu, in dem jungen Spanier ein vielversprechendes Genie zu sehen.

Drei Jahre danach sah ich Ballesteros dann bei seinem ersten großen Sieg, der British Open von 1979 im *Royal Lytham & St. Anne's.* Als Assistant Editor der englischen »Golf Illustrated«

reiste ich zwischen 1980 und 1982 zu vielen Turnieren. So konnte ich Seves Fortschritte während der europäischen und amerikanischen Tour gut verfolgen. Aber erst nach meinem Wechsel als Senior Editor zum amerikanischen »Golf« Magazin, begann 1983 die Zusammenarbeit mit Seve bei der Abfassung von Lehrbeiträgen für diese Zeitschrift, und erst dabei lernte ich ihn und seine Auffassung vom Spiel richtig kennen.

Anfangs stand ich Seves autodidaktischer, ganz auf die rechte Körperseite fixierter Technik durchaus skeptisch gegenüber, weil alle früheren bedeutenden Golfer ausnahmslos ihren Schwung entweder ganz linksseitig oder höchstens beidseitig führten. Abgesehen davon gab es Scharen von Professionals, die fest davon überzeugt waren, ihren Schlag mit der einen Seite zu führen, während es tatsächlich genau mit der anderen geschah.

Nachdem ich aber viele Erfolge von Ballesteros miterlebt und ihm stundenlang zugehört hatte, wie er seine Technik erst in ihre einzelnen Bestandteile gliederte und dann wieder zusammenfügte, waren meine Zweifel verflogen. Seve spielte und spielt heute noch mit einem primär von rechts geführten Schwung, ohne Verdrehung irgendwelcher Muskeln und ohne sich ungewöhnlich konzentrieren zu müssen. Nachdem er mich davon überzeugt hatte, daß seine Schwungmethode für einen Rechtshänder die natürlichste und deshalb leicht zu lernen und stets zu wiederholen sei, war ich damit einverstanden, für dieses Buch mit ihm zusammenzuarbeiten. Trotz seines weltumspannenden Turnierkalenders setzte Ballesteros sich hundertprozentig für dieses Projekt ein und kümmerte sich darum, daß seine Technik in jedem Detail korrekt interpretiert und in einer leicht faßlichen Form dargestellt wurde.

Alles was Seve Ballesteros über Golf weiß, von den Grundbegriffen beim Ansprechen des Balles und den feinsten Einzelheiten des Schwunges bis zur Ausführung der einzelnen Schläge und dem Erzielen eines guten Score, ist in diesem Buch enthalten. Es soll Ihnen helfen, mehr Freude am Spiel zu haben, ob Sie ein Anfänger sind oder das Spiel schon einigermaßen beherrschen. Und es wird Ihnen sicher auffallen, daß absolute Ehrlichkeit eine der hervorragendsten Eigenschaften dieses Buches ist.

Seve weiß natürlich, daß der Versuch, seine Technik mehr oder weniger genau zu kopieren, niemals den gleichen Erfolg garantieren kann, den er selbst damit hat. Andererseits ist er fest davon überzeugt, daß seine natürliche Art zu schwingen der großen Mehrzahl aller Golfer helfen kann, ihre Schlagfläche häufig square »in den Ball« hineinzuschwingen. Das setzt allerdings voraus, daß sie sich ernsthaft bemühen, die wichtigen Grundregeln zu verstehen und diese sich durch konsequentes Üben soweit zu eigen zu machen, daß ihre Muskeln die Schwungbewegung sozusagen automatisch richtig steuern. Und das ist ja auch das große Ziel, nach dem jeder Golfer streben sollte.

Ob Sie nun ein Anfänger sind, der nur gerade so gut spielen möchte, um für seine Partner auf dem Golfplatz keine Last zu sein, oder ein ehrgeiziger Spieler, der erkennt, daß der »wahre Schwung« schwerer zu finden ist, als das »wahre Ich«; dieses Buch wird Ihnen eine große Hilfe sein. Bevor Sie sich aber voller Begeisterung an die Lektüre machen, bedenken Sie bitte folgendes: Natürlich sollen Sie sich an den Grundregeln und Prinzipien von Ballesteros Spielweise orientieren, aber passen Sie die in diesem Buch gemachten Aussagen auch Ihren Bedürfnissen und Voraussetzungen an. Dabei denke ich zum Beispiel an die Position des Balles, die Weite Ihres Standes und die Länge Ihres ganzen Schwunges.

Da Menschen keine Maschinen sind, können wir nicht erwarten, immer wieder in der gleichen Weise zu schwingen, gleichgültig, ob eine Woche, ein Monat oder ein Jahr seit unserem letzten Spiel vergangen sind. Wir müssen auf unseren Körper »hören«, vor jedem Spiel auf dem Übungsplatz unsere Flexibilität, unsere Kraft und die Tagesform erkennen und uns in der Runde darauf einstellen.

Dieses Buch erscheint genau zum richtigen Zeitpunkt. Immer mehr junge und im Herzen jung gebliebene Menschen begeistern sich für dieses Spiel. Was könnte sinnvoller und hilfreicher sein, als sich von vornherein das Wissen und die Erfahrung eines Spielers zunutze zu machen, den viele für den zur Zeit besten der Welt halten?

Einführung

Es gab bereits früher Bücher über mich, zum Beispiel eine Dudley Doust's Biographie »Seve – The young Champion« (1982) oder »Seve«, eine Bilddokumentation des Fotografen Phil Sheldon (1986). Beide geben einen guten Überblick meines Werdeganges und berichten in Wort und Bild über die glänzenden und weniger glänzenden Momente meiner Laufbahn als Turnier-Professional. Dieses aber ist das erste *von mir autorisierte* Buch, und es ist auch der erste Versuch, die Technik meines Spiels von A bis Z zu erläutern.

Ich wollte das alles schon früher zu Papier bringen, mußte es aber wegen der vielen Turnier-Verpflichtungen in aller Welt immer wieder verschieben. Außerdem wollte ich erst einmal beweisen, daß meine rechts-betonte Schwungtechnik wirklich so einfach und effizient ist, wie sie mir selbst erscheint. Nichts ist dafür besser geeignet, als Erfolge in großen Meisterschaften.

Die Vorstellung, daß ein rechtshändig orientierter Mensch den Golfschwung linkshändig führen und kontrollieren soll, erscheint mir als eine widersinnige Vorstellung. Schließlich ist die rechte Hand dem Schlägerkopf am nächsten, und es erscheint mir daher nur natürlich zu sein, daß in erster Linie sie für Schlaggefühl und Schlagkontrolle bestimmend ist. Um aber sicherzugehen, daß diese Ansicht auch für andere Spieler Gültigkeit hat, machte ich vor einiger Zeit in meinem Heimatclub, *Real Club de Golf de Pedreña,* mit einigen jüngeren und älteren Damen und Herren ein Experiment.

Zuerst ließ ich die Anfänger nach meiner Methode schwingen und dann die besseren Spieler. Am Ende waren die zwei Dutzend Spieler fast einhellig der Meinung, daß ich ein Lehrbuch über die ihnen gerade nahegebrachte Methode verfassen sollte und daß ein solches Buch allen Spielern auf der ganzen Welt die Freude am Golf vergrößern würde. Diese Ermutigung und mein Wunsch, dem Spiel, das mir so viel gegeben hat, etwas »zurückzugeben«, waren der Anlaß zu diesem Buch.

Die Arbeit daran kann mit der Entwicklung meiner Karriere verglichen werden. In beiden Fällen benötigte ich viel Geduld und Ausdauer, und ohne die Hilfe anderer Menschen hätte beides nicht verwirklicht werden können.

Der Inhalt dieses Buches basiert zum großen Teil auf den Erkenntnissen, die ich im Laufe vieler Jahre aus erfolgreichen und mißlungenen Versuchen gewonnen habe. Auch mancher Ratschlag jugendlicher Freunde aus meinen ersten Golftagen hat seinen Niederschlag gefunden.

Etwas zu kurz gekommen ist vielleicht der große Einfluß, den meine drei älteren Brüder Baldomero, Manuel und Vicente auf mein Spiel und damit auf meine Laufbahn hatten. Alle drei haben mein Spiel immer wieder »unter die Lupe« genommen, mir Ratschläge gegeben und mich ermutigt. Wir spielen alle mit der gleichen Einstellung zu den Grundregeln, so daß sie mir sowohl bei weiteren Schritten nach vorn helfen, wie mich aus Formtiefs wieder herausholen konnten.

Vicente, der mich heute zu den meisten Turnieren begleitet, kennt mein Spiel und dessen zugrundeliegende Technik am besten. Und da er häufig als mein Caddie fungiert, kann er mich auch unter dem Druck eines großen Turniers von Tag zu Tag neu motivieren. Als Coach aber ist er mir in endlosen gemeinsamen Stunden auf dem Übungsplatz unentbehrlich geworden. Vicente ist selbst ein talentierter Professional, ein begabter Lehrer und daher derjenige, den ich immer um Rat fragen kann. So leistete er indirekt einen wichtigen Beitrag für dieses Buch.

Mein besonderer Dank gilt schließlich John Andrisani, einem exzellenten Golfer und einem ebenso begabten Autor. Er ist mir ein guter Freund geworden. Es kostete ihn einige Arbeit, meine Techniken einfach und klar darzustellen, damit Golfer aller Spielstärken sie verstehen und davon profitieren können.

Ich hoffe, daß Ihnen mein Buch gefällt und daß es Ihnen dabei hilft, noch mehr Gefallen an dem wunderbaren Golfspiel zu finden.

WIE LERNT MAN GOLF

Kapitel 1

Die Vorteile des Selbstunterrichts

Man nennt mich immer eine »Naturbegabung«, und mir scheint, die Leute meinen, ich sei mit einem Golfschläger in der Hand und einem Scratch-Handicap auf die Welt gekommen. Das stimmt nicht. Ich hatte nicht von vornherein die Gabe, einen Drive zweihundertsiebzig Meter weit zu schlagen, ein Eisen »tot« an die Fahne zu legen oder einen »Monster-Putt« ins Loch zu befördern. Nichts von alledem!

Es ist jedoch kein Geheimnis, wie alle großen Golfer zu ihren Erfolgen gekommen sind. Das ist immer und überall klar zu erkennen. Die Grundvoraussetzung dafür ist ein einfacher, auf den Grundregeln basierender, stets wiederholbarer Schwung. Danach heißt es eigentlich nur noch »üben, üben, üben«.

Die meisten Amateure werden die unabdingbare Notwendigkeit des systematischen Übens zwar intellektuell erfassen, aber nur wenigen wird sie in Fleisch und Blut übergehen. Dies müßte jedoch das Ziel sein. Der Wochenendgolfer weiß sehr wohl, daß Übung eine Langzeit-Investition ist, die viel Kraft und Ausdauer erfordert. Und genau da liegt das Problem. Die Ausreden für einen »Verzicht« auf das Üben sind genau so zahlreich und vielseitig, wie die schlechten Schläge an einem Samstag vormittag. Ironischerweise möchte trotzdem jeder Golfer schrecklich gerne besser spielen ...

Einige meiner Partner in Pro-Am Turnieren waren in diesem Punkt ganz ehrlich. Sie argumentieren, daß viele Stunden auf dem Übungsplatz noch lange keine Garantie dafür sind, von Woche zu Woche, von Tag zu Tag oder sogar von einem Schlag zum nächsten einen Idealschwung beibehalten zu können. Wann immer ich dies höre, muß ich etwas schmunzeln. Erstens, weil ich auch einmal so dachte, und zweitens, weil daran ja auch etwas Wahres ist.

Manchmal fühle ich mich morgens fantastisch und kann es kaum erwarten, auf den Platz zu gehen. Vom Übungstee schlage ich noch die schönsten Bälle, aber auf der anschließenden Runde wird mein Schwung immer unsicherer, und ich selbst bin völlig durcheinander. Dann gerät mein »spanisches Blut« in Wallung, und ich muß hart daran arbeiten, mich wieder zu beruhigen, damit mein Score nicht in ungeahnte Höhen steigt.

Ein anderes Mal fliege ich über den Atlantik, komme todmüde in ein unbekanntes Hotel, schlafe miserabel und schlinge am nächsten Morgen ein üppiges Frühstück in mich hinein. Beim Aufwärmen treffe ich dann die Bälle schlecht und lasse kurze Putts aus. Dann geht es auf den Platz, und – »bingo« – eine Rekordrunde!

Meiner Meinung nach ist Golf ein höchst mysteriöses und verwirrendes Spiel, das *allen* Spielern, guten wie schwächeren, immer wieder einige Frustrationen bereitet.

Der Golfschwung ist ein viel zu komplexer Bewegungsablauf, als daß man ihn wissenschaftlich exakt festlegen könnte. Den Schläger aus der Ruhestellung zurück, nach oben und dann wieder nach unten zu schwingen, so daß dessen Schlagfläche den Ball mit hoher Geschwindigkeit square und präzise trifft, das erfordert schon eine ungewöhnlich genaue Koordination von »Kopf und Körper«. Kein Wunder, daß dieses Spiel für den Durchschnittsgolfer so schwierig ist, wenn man an all die Variablen denkt, die den Golfschlag bestimmen: Nervliche Belastung, Geduld, Routine, Rhythmus, Selbstvertrauen, Beachtung des Scores, Kraft, Timing, Tempo, Technik – all das spielt eine wichtige Rolle.

Alle sind gleichermaßen bemüht, die schlechten Tage möglichst zu begrenzen. Ziel ist es, einen Schwung zu finden, mit dem wir einen guten Score zustande bringen, wenn das »Spiel läuft«, und einen wenigstens noch erträglichen Score, wenn es einmal »nicht läuft«. Das muß ein einfacher Schwung sein, der ohne allzu große Anstrengungen stets wiederholbar ist, und mit dem wir auch an schlechten Tagen schlecht getroffene Bälle zumindest noch »im Spiel halten« können.

Ich wünsche allen Golfern ein niedrigeres Handicap, aber die »Mysterien des Golfschwunges« kann ich leider auch nicht lösen. Ich bin kein Zauberer, der nur seinen Stab zu heben braucht, und – hokuspokus – sind Sie nach dem Lesen dieses Buches ein Scratch-Golfer. Aber ich bin ein Befürworter solider Grundregeln, speziell in bezug auf all das, was *vor* dem eigentlichen Schwung geschieht, und was allen guten Spielern gemeinsam ist: Griff, Stand, Körperhaltung, Ausrichtung von Körper und Schlagfläche. Und trotzdem hat mein Schwung etwas Individuelles. Sollten Sie also meinen Schwung exakt kopieren wollen, so werden Sie dadurch noch keineswegs so spielen wie ich.

Bei der Konzipierung dieses Buches nahm ich mir fest vor, Ihnen dabei behilflich zu sein, wie *Sie selbst Ihr Spiel verbessern können,* indem Sie meine physischen und psychischen Erfahrungen in Ihr Golfspiel integrieren. Ich führe Sie gewissermaßen an die Quelle, aber trinken müssen Sie schon selbst. Ob Sie nun meinen Weg des Selbstunterrichtes wählen oder bei einem Pro Stunden nehmen: Ihr Werdegang als Golfer wird weitgehend davon abhängen, wie ernsthaft und systematisch Sie üben.

Warum Üben so notwendig ist

Leider macht Üben allein Sie noch nicht zu einem perfekten Golfer. Trotzdem ist dies unverzichtbar und der einzige Weg, um für alle Herausforderungen gewappnet zu sein, mit denen Sie während jeder Runde konfrontiert werden. Dafür bietet das tägliche Leben manchen Vergleich.

Sie wissen nie, was auf Sie zukommt. Sie wissen nur, daß Sie in ein Büro oder in eine Schule gehen oder Hausarbeit erledigen müssen, so wie ich weiß, daß ich bei einem Turnier antreten muß. Darüber hinaus birgt jeder Tag Überraschungen, gute und schlechte, und je besser wir darauf vorbereitet sind, desto eher werden wir sie bewältigen können.

Das Golfspiel ist ebenso unvorhersehbar wie vieles andere in unserem Leben. Aber wir können uns innerlich darauf einstellen. Vorbereitet sein auf alle Eventualitäten ist für ein gutes Spiel unerläßlich. Das aber heißt üben! Nun weiß ich nur zu gut, daß Sie dazu oft einfach nicht die Zeit haben. Das hilft aber nichts. Wenn Sie wirklich besser werden wollen, müssen Sie sich dazu durchringen, einen Teil Ihrer derzeitigen Spielzeit zur Übungszeit zu machen.

Das einzusehen, fiel mir selbst in meiner Jugend ausgesprochen schwer. Ich war ein ganz normaler Junge, ungeduldig, wollte immer mit dem Kopf durch die Wand und war naiv genug anzunehmen, daß ein guter Schwung von allein käme, würde ich nur den ganzen Tag auf der Driving Range Bälle in die Gegend

Auch beständiges Üben macht aus Ihnen noch keinen perfekten Golfer. Durch das Trainieren aller möglichen Schläge erlangen Sie aber das nötige Selbstvertrauen für die immer neue Herausforderung Ihres Könnens.

schlagen. Bald wurde ich jedoch eines Besseren belehrt und entdeckte, daß man sich zuerst eine solide Basis schaffen muß. Da führt kein Weg daran vorbei.

Also baute ich den Schwung Stück für Stück auf, um schließlich einen geschlossenen Bewegungsablauf zu erreichen. Dabei konnte ich nicht wie so viele ehrgeizige junge Amerikaner zu einem erfahrenen Lehrer gehen, sondern mußte es mir selbst beibringen und aus immer neuen Versuchen und Fehlschlägen lernen.

Dies war ein schwieriges und langwieriges Unterfangen, und die Entwicklung wurde durch stark eingeschränkte Spielmöglichkeiten und die anfänglich mangelnde Unterstützung der Eltern noch verlangsamt. Auch Schläger und Bälle zu bekommen war ein großes Problem. Bis zu meinem sechzehnten Lebensjahr, als ich Professional wurde, mußte ich mich mit gebrauchten Schlägern behelfen. Erst dann bekam ich den ersten kompletten Satz. Mein erster Schläger bestand aus dem verrosteten Kopf eines Eisen 3, den ich als Siebenjähriger auf einen selbstgeschnitzten Stock gesetzt hatte. Kieselsteine dienten als »Bälle«. Ein Jahr später schenkte mir mein Bruder Manuel – alle drei Brüder sind heute ebenfalls Professionals – ein richtiges Eisen 3 und einige Golfbälle. Aber es gab noch andere Hindernisse.

Caddies hatten damals im *Pedreña Golf Club* nur wenige Freiheiten. Ich mußte entweder am Strand, auf den Feldern hinter unserem Haus oder im Caddiehof üben. Und obwohl ich oft meinem Onkel Ramon Sotá, dem ersten berühmten Tour-Professional Spaniens zusah und dadurch eine Menge lernte, habe ich doch niemals eine richtige Golfstunde gehabt.

Verstehen Sie mich bitte nicht falsch. Die Grundbegriffe und den allgemeinen Bewegungsablauf von einem erfahrenen Professional zu erlernen, mag in mancher Beziehung ideal sein. Sind Sie aber wie ich ein Autodidakt, so werden Sie mit der Zeit Ihr eigener, erfahrener »Schwunghandwerker«, und das ist in vieler Hinsicht ein großer Vorteil. Wenn Sie nämlich genau wissen, *wie* und *warum* Ihre Technik funktioniert, dann können Sie auch viel eher Fehler selbst erkennen und notfalls sogar mitten in einem Turnier Ihr Spiel umstellen.

Selbständiges Lernen reizt auch zum Improvisieren. So variieren Sie die Stellung am Ball und den Schwungablauf, um dadurch langsam, aber sicher die Technik aller möglichen Schläge zu begreifen und zu verarbeiten. Der von mir damals als hart empfundene Zwang, mit einem einzigen Schläger alle möglichen Schläge nicht nur richtig zu planen, sondern auch auszuführen, erforderte eine äußerst flexible Technik, die im heutigen Turniergolf vielleicht meine stärkste Waffe ist.

Wenn man sein eigener Herr ist, muß man auch seine eigenen Fragen beantworten. Für mich wirkte sich das durchaus positiv aus, und ich entwickelte dabei gesunden Menschenverstand, Konzentrationsfähigkeit, Entschlußfreudigkeit, Geduld, systematisches Vorgehen und die Disziplin, ohne die sich kein wie immer geartetes Problem lösen läßt. Sein eigener Herr zu sein, bedeutet aber auch eine große Verantwortung – für sich selbst. Man erlebt viele Höhen und Tiefen, Enttäuschungen und Freuden. Hat man aber die Kraft und Entschlossenheit, sich auch aus einem Tief wieder selbst herauszuziehen und neu anzufangen, dann wird man eines Tages ein erfahrener und erfolgreicher Allroundgolfer sein.

Genau das bin ich heute, und das zu behaupten ist keine Prahlerei oder Arroganz, sondern ganz einfach der Stolz darauf, was ich erreicht habe. Ja, ich bin stolz auf das »Endprodukt«: das Golfspiel des Seve Ballesteros – obwohl ich im gleichen Atemzug zugebe, daß es noch sehr viel besser werden kann. Und das wird immer so sein.

Das gemeinsame Ziel

Auch heute arbeite ich noch ständig an meinem Schwung, nehme aber nur mit größter Vorsicht Veränderungen vor, weil ich mich weder von irgendeiner der überall proklamierten modischen Schwungmethoden beeinflussen lasse, noch einer »Schnellkur« unterwerfen will, wie sie – in einem Formtief steckenden – Pros immer wieder angeboten wird.

Schon als Kind erkannte ich bei der Beobachtung von Spitzenspielern, daß diese zwar alle die wichtigsten Grundregeln befolgten, daß aber trotzdem kein Schwung hundertprozentig dem anderen glich, mit Ausnahme des wichtigsten Punktes während des ganzen Bewegungsablaufs: dem Treffmoment.

Im Treffmoment bilden bei jedem guten Spieler linke Hand, linker Arm und Schlägerschaft eine Linie bis zur Schlagfläche, die square zum Ziel ausgerichtet mit dem Sweetspot und in hoher Geschwindigkeit den Ball in seiner Mitte trifft. Das ist die Nummer eins aller Grundregeln und das von uns allen angestrebte gemeinsame Ziel im Aufbau und in der Erhaltung eines korrekten Schwunges.

Ihr Schwung mag vor und nach dem Treffmoment scheußlich aussehen, aber *im* Treffmoment muß alles korrekt sein!

Der Selbstunterricht gibt einem die Freiheit, unbeschwert zu experimentieren. Haben Sie erst einmal die Grundbegriffe erfaßt und eine klare Vorstellung vom Bewegungsablauf, sei es durch die Beobachtung guter Spieler oder von einem Lehrer vermittelt, können Sie verschiedene Schwungarten oder auch Kombinationen so lange ausprobieren, bis Sie »Ihren« Schwung gefunden haben, der im Grundaufbau den Regeln entspricht, im übrigen aber Ihrem Körperbau, Ihrer Kraft und Ihrem Temperament angepaßt ist.

Meine einzige Kritik am heutigen Golfunterricht ist, daß die meisten Lehrer scheinbar an nur *eine* Lehrmethode glauben, die sie bei jedem anwenden. Der Schüler hat dann oft keine Chance, seine besonderen Fähigkeiten optimal zu nützen, wenn er in Vorbereitung und Durchführung des Schlages genau den Anweisungen seines Lehrers folgt. Denken Sie immer daran: Es kommt nicht darauf an, wie es *aussieht,* wenn Sie gut oder sogar sehr gut spielen. Sie müssen nur Ihre Schlagfläche immer wieder mit hoher Geschwindigkeit square »in den Ball« hineinschwingen.

Bei meinen immer neuen Versuchen und Fehlschlägen entdeckte ich schließlich einige durchaus verläßliche Schwungprinzipien, wie zum Beispiel die »Abzugsfunktion« der rechten Hand beim Einsetzen des Rückschwunges. Das mag, strenggenommen, nicht »klassisch« sein, aber es ist einfach, erscheint mir natürlich und wird deshalb Bestandteil meiner Schwungtechnik bleiben. Und ich möchte Ihnen diese Erkenntnis ganz bewußt vermitteln, weil ich davon überzeugt bin, daß es vielen Golfern helfen wird, besser zu spielen.

Ich werde Sie in diesem Buch systematisch und in logischer Folge durch den ganzen Bewegungsablauf meines Schwunges in allen Einzelheiten führen. Wir werden ihn Schritt für Schritt aufbauen, so daß Sie meine Technik in allen physischen und mentalen Komponenten erfassen können. Am Ende werden Sie dann in Anpassung an die eigenen Fähigkeiten und Schwächen Ihren persönlichen Schwung bestimmen – und Sie werden üben!

Der Erfolg ist Ihnen gewiß.

Natürliches Spiel

Vor der Erläuterung des Grundelementes meines Schwunges möchte ich Ihnen erst erklären, wie ich dazu gekommen bin.

Die Mehrzahl der Lehrer, die mir in meiner Laufbahn begegnet sind, lehren das »linksseitig orientierte Golf«. Sie weisen ihre Schüler an, den Rückschwung von Anfang bis Ende mit der linken Körperhälfte zu steuern. Der eine empfiehlt, sich zuerst mit dem linken Fuß abzustoßen, für den anderen dreht sich zuerst die linke Hüfte, ein Dritter will mit der linken Schulter beginnen, und wieder andere raten dazu, den Schläger mit der linken Hand, dem linken Arm oder beiden zurückzuziehen.

Nun muß man ehrlicherweise zugeben, daß es schon immer große Golfer gegeben hat, die der linken Seite mehr oder weniger Gewicht gegeben haben. So sind viele unserer heutigen Champions, wie Tom Watson, Greg Norman und Sandy Lyle, eher links als rechts orientiert (obwohl Jack Nicklaus immer geschworen hat, daß Golf ein von beiden Seiten gelenktes Spiel sei). Da aber die meisten Menschen Rechtshänder sind, können ihnen diese von links ausgehenden Bewegungen weder natürlich erscheinen noch leichtfallen. Übrigens halte ich nichts von dem alten Sprichwort, »Golf ist ein Spiel der Gegensätzlichkeiten«. Wann immer man etwas tun muß, das den eigenen, natürlichen Anlagen widerspricht, ist es physisch und psychisch eher eine Belastung. Und genau so erging es mir, als ich jahrelang intensiv bemüht war, meinen Golfschwung von links her einzuleiten und zu führen. Das hat mich zeitweilig so deprimiert, daß ich nahe daran war, das Spiel ganz und gar aufzugeben.

Doch es gab einen besseren Weg. Ich sammelte meine Gedanken in einer Stunde der Meditation, was ich heute noch regelmäßig tue, zu Hause oder in einem Hotelzimmer. In der Stille meiner vier Wände kann ich mich tief durchatmend entspannen und die Gedanken ordnen, um so Problemen auf den Grund zu kommen und Lösungen zu finden.

Nachdem mir klar war, daß ich fast alle täglichen Verrichtungen mit der rechten Hand ausführe, übertrug ich dieses Konzept auf meinen Golfschwung – und es funktionierte. Das ging natürlich nicht über Nacht, denn es bedeutete immerhin eine völlige physische und psychische Umstellung. Im Endeffekt hat sich die Umstellung aber glänzend bezahlt gemacht, und ich bin seither ein primär rechtsseitig orientierter Spieler.

Eine führende Rolle der rechten Hand im Schwung erscheint mir ebenso natürlich wie logisch. Schließlich war und ist die rechte Hand bei allem, was ich tue, die wesentlich aktivere von beiden.

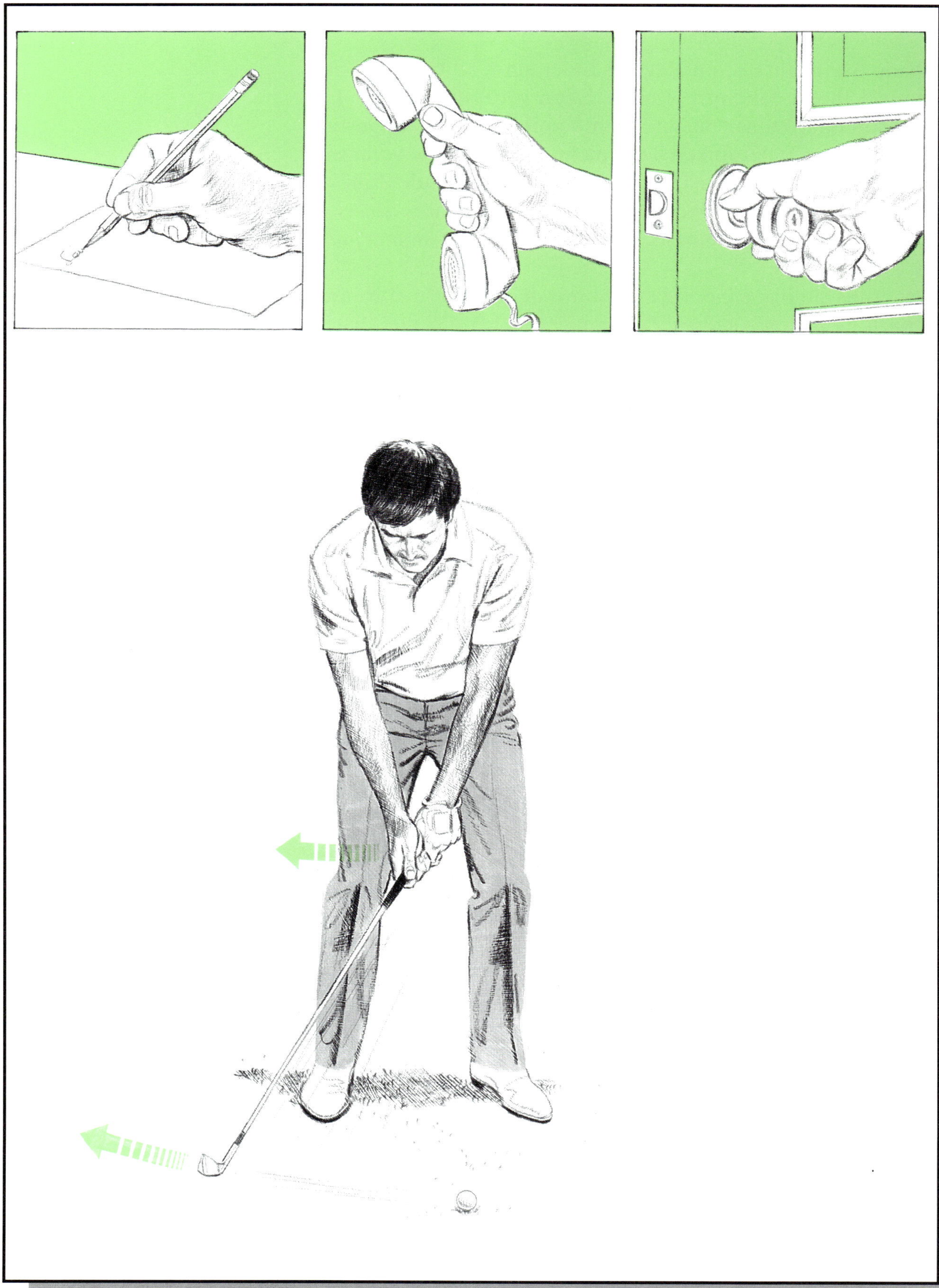

Wenn Sie ebenfalls ein Rechtshänder sind, so bin ich sicher, daß auch Ihnen das Spiel leichter fallen wird, und Sie Ihr Leistungspotential besser ausschöpfen können, wenn Sie Gewicht und Führung von der linken Seite mehr auf die rechte verlagern. Vielleicht ermutigt es Sie, daß zur Zeit eine wachsende Zahl von jungen Golfern in aller Welt sowohl im Aufbau ihres Spiels als auch in der weiteren Feinarbeit der rechten Seite immer mehr den Vorzug gibt.

Schütten Sie das Kind aber nicht mit dem Bade aus! Rennen Sie nach dem Lesen dieser Zeilen nicht gleich auf die Driving Range, um Ihren Schwung von links auf rechts orientiert umzustellen. Vor allem bessere Spieler seien davor gewarnt. Denken Sie an meine Worte: Wunder gibt es bei diesem Spiel nicht. Alles braucht seine Zeit – und kostet viel Mühe.

Der Beginn des Rückschwungs ist einer der kritischsten Momente des ganzen Bewegungsablaufs. Machen Sie in diesem Augenblick einen Fehler, so sind die Chancen für eine spätere Korrektur relativ gering. So ist meine rechte Hand gewissermaßen der »Zündschlüssel« für den Schwung, der vom ersten Sekundenbruchteil an den korrekten Ablauf des ganzen Vorganges sicherstellen soll.

Ich halte nicht viel davon, einzelne Segmente des Golfschwunges detailliert zu beschreiben, ohne auf deren Funktion im ganzen Bewegungsablauf einzugehen. Deshalb will ich jetzt auch nur mein Konzept des korrekten Takeaway erläutern, ohne den Ablauf detailliert zu beschreiben.

Die meisten Lehrer befürworten eine linksorientierte Einleitung des Schwunges, um zu vermeiden, daß der Schüler bei einem frühen Einsatz der rechten Hand den Schläger zu schnell hochheben, zu weit nach innen reißen oder die Schwungbahn des Schlägerkopfes, die Ausrichtung der Schlagfläche oder vielleicht sogar beides verdrehen könnte.

Diese Begründung ist durchaus einleuchtend; auch ich habe nach der Umstellung von links nach rechts gleich beide Fehler gemacht. Durch das zu schnelle Anheben des Schlägers erlahmt der Takeaway, und als Folge davon konnte sich mein Oberkörper nicht richtig aufdrehen. Ohne ein korrektes Aufdrehen des Körpers wird der Schlag aber immer kraftlos bleiben.

Ein zu flacher Rückschwung nach innen zwang mich dazu, die Schwungbahn im Abschwung zu korrigieren, um den Schlägerkopf richtig an den Ball zu bringen. Das störte natürlich den

Schwungrhythmus. Wenn ich aber meiner rechten Hand die Führung im Takeaway überließ, fand ich schließlich heraus, konnte die Bewegung nur langsam ablaufen – langsamer als jedes andere Segment des Schwunges. Die Lösung bestand darin, den Einsatz der rechten Hüfte genau mit den Bewegungen der Hände und des Schlägerkopfes abzustimmen.

Der Ablauf ist dann wie folgt: Kurz nachdem die rechte Hand begonnen hat, den Schläger langsam vom Ball wegzuziehen, dreht die Hüfte sich im Uhrzeigersinn und löst damit eine höchst positive Kettenreaktion aus, in deren Verlauf sich mein Körper in einer fließenden und rhythmischen Bewegung aufdreht.

Eine Bemerkung am Rande: Solange ich den Schlägerkopf in einer geraden Linie (der rückwärtigen Verlängerung der Linie zum Ziel) vom Ball weg zurückführe, bleiben meine Handgelenke gerade. Erst wenn sich das Körpergewicht auf die Innenseite des rechten Fußes verlagert hat, werden die Handgelenke abgewinkelt und der Schlägerkopf nach oben geschwungen.

Seit meine stärkere Hand den Schwung einleitet, bin ich sehr viel eher in der Lage, das Tempo des Takeaway natürlicher und fließender zu kontrollieren, den Schläger auf der richtigen Bahn zurückzuschwingen und ihn während des ganzen Schwunges im korrekten Schwungbogen zu halten. Solange das noch mit der linken Hand geschah, mußte ich mich dauernd übermäßig konzentrieren. Trotzdem kam mir der ganze Bewegungsablauf widernatürlich vor. Das aber brachte Timing und Tempo durcheinander und machte es mir unnötig schwer, die für das Schwingen des Schlägers wichtigsten Körperpartien, die Hände, richtig zum Einsatz zu bringen.

Noch eine Bemerkung dazu: Wann immer ich auch die besten links-orientierten Spieler beobachte, scheinen sie unter starkem physischen und psychischen Druck zu stehen, unter dem Zwang, sich besonders darauf zu konzentrieren, ihre rechte Hand zurückzuhalten. Das ist in meinen Augen ein schwerer Fehler, bestehen doch die beiden wichtigsten Aufgaben des Takeaway darin, die Gewichtsverlagerung nach rechts und das Aufdrehen des Körpers einzuleiten. Eine diesen Ablauf führende rechte Hand wird mir, zusammen mit dem synchron einsetzenden Aufdrehen der Hüfte, diese Aufgabe ganz wesentlich erleichtern.

Kurz vor dem Einsetzen des Rückschwunges sage ich zu mir selbst: »Rechtshändiger Takeaway«. Danach aber ist alles nur noch eine Frage des Gefühls und des richtig programmierten Einsatzes der Muskeln.

Auf den eigenen Körper achten

Ich achte ganz bewußt auf meinen Körper, während er den Schläger schwingt, um zu erfahren, wie Kopf, Schultern, Arme, Hände, Hüften, Beine und Füße dabei zusammenwirken und in welcher Reihenfolge sie im Verlauf des Schwunges zum Einsatz kommen.

Meine erste Bewegung besteht darin, den Schläger langsam vom Ball wegzuziehen, auf den ersten dreißig Zentimetern gerade zurück und nahe am Boden. Habe ich das richtig ausgeführt, so können meine Arme den Schläger leicht und rhythmisch bis zum höchsten Punkt der Schwungbahn zurückschwingen, wobei die linke Schulter sich unter mein Kinn verschiebt und mein Oberkörper sich wie eine Sprungfeder aufdreht, bis er seine höchste Spannung erreicht hat, die sich dann auf den Abschwung überträgt. Genau wie den Einsatz jeder einzelnen Körperpartie möchte ich natürlich auch jeden Fehler erkennen, der während des Schwunges auftaucht. Im Endeffekt soll dies alles sowohl auf dem Übungsplatz als auch auf der Runde eher gefühlsmäßig geschehen, ohne daß ich mich besonders darauf konzentrieren muß.

So manchen Golfer möchte ich an den Schultern packen und schütteln, wenn er sich in Gedanken »verbohrt«, seinen Schwung in einzelne Teile zerlegt, immer wieder anhält und jede Haltung und Stellung auf ihre »Schönheit« überprüft, wie bei der Anprobe eines neues Anzuges vor dem Spiegel. Ich möchte diesem Golfer am liebsten zurufen: »Der Golfschwung ist ein ununterbrochener Bewegungsablauf! Man kann ihn nicht x-beliebig anhalten und wieder starten!« Ein solcher Spieler irritiert mich wahrscheinlich deshalb so sehr, weil ich in ihm ein Abbild des jungen, verzweifelt bemühten und äußerst frustrierten Seve Ballesteros sehe.

Es kostete mich viele Jahre, um »aus dem Dunkel ans Licht« zu finden. Und wenn es auch leicht sein mag, einzelne Positionen des Schwungablaufs herauszugreifen und zu analysieren, so ist das im Grunde unsinnig, weil es beim Golfschwung doch einzig und allein darauf ankommt, die Schlagfläche mit hoher Geschwindigkeit square an den Ball zu bringen. Das aber kann nur in einem fließenden, kontrollierten Bewegungsablauf erfolgen.

Nachdem meine Frustrationen manchmal schon in Verzweiflung mündeten, habe ich dann vor Jahren alle Gedanken und Vorstellungen von einem ästhetisch schönen Bilderbuchschwung beiseite geschoben und mich nur noch auf den funktionellen Ablauf und verläßliche Ergebnisse konzentriert. Es ist sehr schwer, aber ich glaube, daß ich den richtigen Weg gefunden habe, und ich bin heute in der Lage, ihn auch anderen Golfern zu zeigen. Ich bin überzeugt davon, daß meine Methode physisch leichter und einfacher zu lernen ist, daß sie für die Mehrzahl der Golfer geeignet ist, schwache und starke, mit hohem und niedrigem Handicap; daß sie dauerhaft und stets wiederholbar ist. Und diese letztgenannte Eigenschaft ist die entscheidende: wiederholbar. Wenn es den Begriff Perfektion im Golf überhaupt gibt, dann liegt er in diesem Wort.

Gebrauchen Sie Ihren Verstand

Die Handhabung eines Golfschlägers soll nicht nur vom Gefühl, sondern auch vom Verstand her erfaßt werden, denn manchmal ist das richtige Gefühl für den Schlag nur schwer zu realisieren. So habe ich zwar häufig das Gefühl, harmonisch und korrekt zu schwingen, aber die Bälle gehen keineswegs in die gewünschte Richtung. Dann bleibt mir nichts anderes übrig, als den Schwungbogen und die Flugbahn des Balles genau zu analysieren, um den Fehler herauszufinden. Glücklicherweise ist mir das schon sehr frühzeitig klar geworden, und ich habe nicht zuletzt dadurch viele spezielle Schläge gelernt.

Eines Tages übte ich volle Schläge aus guten Lagen, und die Bälle flogen alle mehr oder weniger gerade. Völlig unerwartet drehten sie plötzlich alle nach rechts ab. Ich hielt sofort an, um den Grund für diesen ungewollten Fade zu entdecken.

Meine Endstellung: anstatt auf der Außenseite meines linken Fußes lag mein Gewicht fast ausschließlich auf dem rechten Fuß. Meine Divots: sie zeigten nach links vom Ziel, während die Bälle in die entgegengesetzte Richtung abdrehten. Mein Ausrichten: nachdem ich meinen Körper in die Ausgangsstellung beim Ansprechen des Balles zurückgedreht hatte, legte ich einen Schläger über die Linie meiner Fußspitzen, wie ich es bei Onkel Ramon beobachtet hatte. Dabei wurde mir klar, daß ich bereits beim Ansprechen des Balles »offen« dastand, also nach links vom Ziel ausgerichtet anstatt square oder parallel zur Linie zum Ziel.

Nun stellte ich mich an einen anderen Platz und führte das Experiment fort. Ich spielte den Ball vom linken Absatz, stellte mich offen hin und setzte den Schlägerkopf square hinter den Ball, genau auf das Ziel ausgerichtet. Der Ball startete nach links und drehte dann nach rechts zurück.

Nach ein paar weiteren Schlägen war dann alles sonnenklar. Da meine Füße, Hüften, Knie und Schultern nach links ausgerichtet waren, mußte ich den Schläger vom Körper wegschwingen, im Rückschwung außerhalb der Linie zum Ziel und im Ab- und Durchschwung quer durch sie hindurch wieder nach innen. Der quer durch den Ball schneidende Schwungbogen verursachte den nach links zeigenden Divot (wohin auch der Ball startete) und den nach rechts abdrehenden Ball, weil er durch die schrägstehende, zur Schwungbahn offene Schlagfläche einen Seitwärtsdrall erhalten hatte. Da war mir nun wirklich ein Licht aufgegangen! Ich hatte meinen Fehler gefunden und gleichzeitig gelernt, wie man einen weichen Fade absichtlich schlagen kann.

Dieser zufällige Lernprozeß wurde zum Anlaß, weitere Körperstellungen und Ballpositionen auszuprobieren, um ihre Wirkung auf Schwungbogen und Flugbahn des Balles zu erkennen. So lernte ich neben dem Fade sehr schnell, wie man den Ball hoch, flach oder von rechts nach links schlägt (der leichte Draw ist jetzt mein normaler Schlag), ich erkannte die Relation zwischen Kraft und Präzision sowie zahlreicher weiterer Elemente, die vor allem der Entwicklung meines kurzen Spiels sehr zugute kamen.

Ich »erfinde« mein eigenes kurzes Spiel

Wäre mir das kurze Spiel auf die übliche Art und Weise von einem Lehrer beigebracht worden, so hätte ich wahrscheinlich den normalen Pitch und den normalen Chip gelernt, und das wäre es wohl schon gewesen! Mein kurzes Spiel ums Grün hätte dann wahrscheinlich etwas traurig ausgesehen. Durch das selbständige Experimentieren mit Stand, Länge des Schwunges, Ausrichtung des Schlägerblattes square, offen oder geschlossen, Einsatz verschiedener Schläger, Schläge aus unterschiedlichen Entfernungen und sehr verschiedenen Lagen, erwarb ich mir ein großes Arsenal an kurzen Schlägen und Recovery Shots.

Die Koordination zwischen Augen und Händen und die Feinheiten des Dralls wurden daraus ersichtlich, wie der Ball auf Unterschiede in Lage und Schlagtechnik reagierte. Dazu stellte ich mir beim Üben zum Beispiel die Aufgabe, daß jeder kurze Annäherungsschlag »tot« an die Fahne gehen müßte, um damit eine große Meisterschaft zu gewinnen. Ich bin sicher, daß nicht zuletzt diese jugendlichen Gedankenspiele der Grund dafür sind, daß ich mit dem enormen nervlichen Druck heutiger Turniere relativ gut fertig werde.

Aus diesen Vorbereitungen habe ich gelernt, den Ball aus allen nur denkbaren Lagen »tot« an die Fahne zu legen, um ihn dann einzulochen. »Up and down«, nennen es die Professionals, und es bedeutet nichts anderes, als aus drei Schlägen zwei, und aus zwei Schlägen einen zu machen, was im heutigen Turniergolf letztlich den entscheidenden Unterschied ausmacht.

Vielleicht das beste Beispiel für den Erfolg meiner Trainingsmethode war die British Open 1976 im *Royal Birkdale,* wo ich als damals Neunzehnjähriger der Öffentlichkeit und der Presse zum ersten Mal mein Können demonstrieren konnte, nicht zuletzt durch einen Schlag, der bis heute einer meiner denkwürdigsten geblieben ist.

Das letzte Loch im *Royal Birkdale* war ein Par 5 mit einer Länge von 536 yards (490 m). Mein zweiter Schlag in der Schlußrunde endete links vom Grün in Fahnenhöhe, etwa 25 yards (22,9 m) vom Loch entfernt in einem Rough, das die Zuschauer im Laufe der Woche total zertrampelt hatten. Zwischen mir und der Fahne lagen zwei Bunker, und das Grün war durch Sonne und Wind ausgetrocknet und entsprechend »schnell«.

Spieler mit einer gewöhnlichen Ausbildung hätten hier wahrscheinlich einen Pitch über die Bunker versucht. Mir erschien so etwas aber als höchst gefährlich, zumal ich auch noch Rückenwind hatte. Meine Chance stand eins zu hundert, vielleicht sogar nur eins zu tausend, den Ball aus dieser Lage mit so viel Backspin über die Bunker auf das schnelle Grün zu spielen, daß er am Loch liegen bleiben würde. Der Pitching Wedge hätte für einen solchen Super-Backspin gar nicht genug Loft gehabt. Andererseits war der Boden so hart, daß der Sand Wedge mit seiner breiten Sohle abgeprallt wäre, was zumindest einen getoppten Ball ergeben hätte. Und wegen der kurzen Entfernung konnte ich den Ball sowieso nicht stark genug schlagen, um ihm den nötigen Backspin zu geben.

Ich erkannte sofort die einzige Möglichkeit und sah den Schlag in Gedanken deutlich vor mir. Es war ein Pitch-and-run über ein schmales Grasband zwischen den beiden Bunkern hindurch. Der Ball mußte mitten auf dem Grasstreifen aufsetzen, einmal aufspringen und dann zur Fahne hin rollen.

Ich nahm ein Eisen 9, stellte mich offen an den Ball, so daß der Blick zum Loch frei war, prüfte, ob linker Arm und Schlägerschaft eine gerade Linie bildeten, legte mein Gewicht verstärkt nach links und ließ es auch dort, weil dieser Schlag weder eine Gewichtsverlagerung noch ein Aufdrehen des Körpers erlaubte, im Höchstfall ein leichtes Rotieren der Knie. Ich richtete meine Augen auf die Rückseite des Balles und das Schlägerblatt square zum Ziel aus und spielte den Ball fast vom rechten Fuß. Ich griff den Schläger mit der linken Hand etwas fester und schwang ihn ohne Abwinkelung der Handgelenke zurück. Der Rückschwung war nur kurz, etwa bis in Kniehöhe, der Abschwung energisch, das Schlägerblatt »durch den Ball« hindurch beschleunigend.

Der Schlag gelang mir genau so, wie ich ihn mir vorgestellt hatte. Der Ball blieb weniger als eineinhalb Meter vom Loch entfernt liegen, nahe genug, um ihn zum Birdie einzulochen und mit Jack Nicklaus hinter dem Sieger Johnny Miller den zweiten Platz zu teilen. »Phantastisch«, urteilte die Presse. Man war erstaunt, daß ein junger, unerfahrener Spieler in einer derartigen Situation einen solchen Schlag spielen konnte. Manche Journalisten schrieben sogar von einem »Schlagkünstler«.

Sie vergaßen dabei nur, daß ich eben *nicht* unerfahren war. Vor dieser Meisterschaft hatte ich elf Jahre lang Zeit gehabt, eine Vielzahl unterschiedlicher Schläge zu lernen, einschließlich desjenigen, der mir in Birkdale den zweiten Platz gerettet hat.

Ohne diese frühzeitige Selbsterziehung wäre ich ein Durchschnittsschüler mit einem begrenzten Vorstellungsvermögen geblieben, und dieser Chip, der die Welt aufhorchen ließ, wäre nie gespielt worden.

Das, liebe Freunde, ist der Lohn des Autodidakten für seine Bemühungen um dieses wundervolle Spiel.

Kapitel 2

Wie ich Golf gelernt habe

Familie und Freunde schreiben meinen Erfolg dem »destino«, einer schicksalhaften Bestimmung zu. Dieses Geschwätz bin ich wirklich leid. Ich bin schon seit meinen Kindertagen davon überzeugt, daß »destino« viel mehr eine Frage des eigenen Willens als des reinen Zufalls ist.

Kein Golfer ist von vornherein dazu ausersehen, einer der ganz Großen zu werden. Der Wille, oder besser noch der Eifer, der innere Zwang, permanent am Aufbau und an der Erhaltung des eigenen Spiels zu arbeiten, mag eine Gabe sein, die uns in die Wiege gelegt wurde. Darüber hinaus aber sind die für den Erfolg entscheidenden Faktoren Ausdauer und Übung. Das wird aus manchen Gründen dem einen leichter und dem anderen schwerer fallen. Wenn Sie aber mit Überzeugung dabeibleiben, so wird sich Ihr Spiel verbessern, und je mehr das geschieht, desto mehr Freude und Befriedigung werden Sie daran haben.

Mir war schon sehr frühzeitig klar, daß es für mich nur den »dornigen Weg« geben würde. Manch einer hätte in einer ähnlichen Lage wahrscheinlich das Handtuch geworfen, aber aufzugeben widersprach meiner ganzen Natur. Wenn das Schicksal mir meine Wünsche nicht von sich aus erfüllte, dann mußte ich es eben aus eigener Kraft erreichen.

Diese Einstellung hat von vornherein jegliches Selbstmitleid ausgeschlossen und ist für mein ganzes Leben sehr bestimmend geworden. Jeder Tag, an dem ich übte, und ich übte jeden Tag, bedeutete einen neuen Ansporn in Richtung auf das Ziel, der Welt bester Golfer zu werden. Und nichts, aber auch gar nichts, konnte mich daran zweifeln lassen, dieses Ziel zu erreichen.

Auch wenn unsere bescheidenen finanziellen Verhältnisse mir viele Einschränkungen auferlegten, so konnte mich das nicht aufhalten. Manchmal ärgert es mich schon, wenn ich daran denke, wie ich 1965 als damals Achtjähriger mit nur einem Schläger auf den Feldern bei Pedreña herumhackte, während meine amerikanischen Altersgenossen von erstklassigen Pros unterrichtet wurden, auf den schönsten Meisterschaftsplätzen spielen konnten und bereits komplette Schlägersätze hatten. Nun hielt man damals in Spanien vom Golfsport noch nicht sehr viel. Es gab keine Golfzeitschriften, und selbst die größten Turniere wurden nicht im Fernsehen übertragen. Sportjournalisten beschäftigten sich fast ausschließlich mit Fußballstars. Die Sportschau im Fernsehen war überhaupt nur dann interessant, wenn ein Stier in der Arena den Matador auf die Hörner nahm. Um am jährlichen Caddieturnier teilnehmen zu können, mußte ich mir ein Paar Schuhe und die Schläger ausleihen.

Meine Aussichten waren also bestimmt nicht rosig, um so stärker aber war mein Wille, mich durchzuboxen. »Seve, eines Tages wirst Du es ihnen zeigen«, sagte mir eine innere Stimme.

Natürlich wurde mir sehr bald klar, daß der Versuch, Golf mit nur einem Schläger zu erlernen, ziemlich hoffnungslos bleiben mußte. Aber ich war viel zu stolz, um das offen zuzugeben; ich glaubte fest an einen zukünftigen Erfolg und ahnte irgendwie, daß die Beschränkung auf den einen Schläger später einmal zur Beherrschung der unterschiedlichsten Schläge führen würde.

Manchmal denke ich an diese Zeit zurück und überlege dann, was wohl bei anderen Voraussetzungen aus mir geworden wäre. Dabei komme ich immer zum gleichen Ergebnis. Meine Lehrjahre wären wahrscheinlich in einem angenehmen Ambiente verlaufen und materiell sorgloser gewesen, aber ganz sicher auch weniger aufregend. Als Junge hätte ich jeden Sommer von einem guten Professional Stunden bekommen und in meinem Club bald mit einem guten Handicap glänzen können. Ich wäre unter diesen Umständen aber niemals mit einem Eisen 3 so erfinderisch und im Endeffekt ganz bestimmt kein so erfolgreicher Golfer geworden. Und wenn der spanische Golfverband dafür gesorgt hätte, daß Kinder nichtspielender Eltern auf den Plätzen ihrer Heimatorte üben dürften, wäre ich nicht auf die Idee gekommen, mir auf den Feldern hinter unserem bescheidenen Bauernhof einen eigenen kleinen Platz zu entwerfen. Ich war so besessen davon, daß ich Tage damit zubrachte, Unkraut auszurupfen und den Boden platt zu treten, um zwei einigermaßen ebene Abschläge und Grüns zu bekommen. Leere Konservendosen bildeten die Einsätze der Löcher mit behelfsmäßigen Fahnen für eine etwa neunzig Meter lange Spielbahn und eine knapp hundertfünfundsechzig Meter lange.

Neben dem Spiel auf meinem »Zwei-Löcher-St. Andrews« übte ich Tag für Tag stundenlang auf dem nahegelegenen Strand oder schlich mit Freunden in der Morgen- oder Abenddämmerung auf den Platz von Pedreña. Und auch hier wiederholte es sich, daß ein vermeintliches Handicap sich für mich zum Guten auswirkte, indem es meinen Willen stärkte, dieses Spiel um jeden Preis zu meistern.

Meine einsamen Übungsstunden ließen mich auch die wichtigsten Gebote des Golfsports erkennen, daß es zuerst ein Spiel gegen den eigenen Charakter mit all seinen Stärken und Schwächen ist, zum zweiten ein Spiel gegen den Platz und zum dritten eine Aufgabe, die nur mit viel Geduld bewältigt werden kann. Kleine Wetten beim Spiel mit Freunden schärften meinen Kampfgeist und bereiteten mich auf den nervlichen Druck späterer Turniere vor. Putten in der Dämmerung stellte mich vor Aufgaben, die mir sonst nie begegnet wären. Die Linie zum Loch war in der einbrechenden Dunkelheit kaum zu sehen, so daß ich mich ganz besonders darauf konzentrieren mußte, Kopf und Körper still zu halten und den Putter ganz leicht vom Ball weg- und »durch ihn hindurch« zu schwingen.

Leider wird auch heute noch in Spanien, und in anderen Ländern wahrscheinlich auch, auf reiche Clubmitglieder eher Rücksicht genommen, als daß man für weniger vom Schicksal begünstigte Jugendliche Möglichkeiten schaffte, das Spiel zu lernen und darin weiterzukommen. Ich hoffe, daß meine Erfolge in aller Welt die Offiziellen im spanischen Golfverband dazu veranlassen, umzudenken und die alten, erstarrten Regeln abzuändern. Das wird sicher seine Zeit brauchen, aber die Lage ist schon etwas besser als es in meiner Jugend war, sogar im Vergleich zu 1978, als ich mein erstes U.S.-PGA-Turnier gewann, die »Greater Greensboro Open«:

Greensboro findet eine Woche vor den Masters statt, und ich dachte, daß mein Sieg, der erste eines Spaniers in den USA, die spanischen Sportjournalisten dazu veranlassen könnte, nach Augusta zu kommen, um mich bei dieser großen Meisterschaft zu sehen. Aber ob Sie es glauben oder nicht, eine einzige Zeitschrift rief an mit der vagen Zusage, einen Text zu übernehmen, den ich ihr jeden Abend durchtelefonieren müßte. Es ist schon eine einigermaßen groteske Vorstellung, aus einer Telefonzelle in Augusta, Georgia, Rundenergebnisse der Masters nach Spanien durchzugeben.

Leider sind dies nicht die letzten Erfahrungen gewesen, die ich in dieser Art machen mußte. Kurz nachdem ich 1984 in St. Andrews meine zweite British Open gewonnen hatte, versuchte ich den Bürgermeister meiner Heimatstadt zum Bau eines öffentlichen Golfplatzes zu überreden. Anfang 1988 war noch nichts davon zu sehen.

Positiv verliefen dagegen Gespräche über die Aufstellung von Schülermannschaften und die Gewährung von Stipendien, so daß vielleicht eines Tages auch spanische Professionals aus einer College-Ausbildung hervorgehen können und nicht nur als Caddies angefangen haben. Und nachdem die Siegesprämien internationaler Pro-Turniere allmählich astronomische Höhen erreichen, werden vielleicht in nicht allzu ferner Zukunft auch die Söhne und Töchter wohlhabender und angesehener Familien die Erlaubnis bekommen und es reizvoll finden, Golf als einen Beruf auszuüben, anstatt einem juristischen Doktorhut nachzujagen oder einen Sitz an der Börse anzustreben.

Konzentration – mein wichtigstes Anliegen

Es soll nicht den Anschein haben, als wollte ich die »Ein-Schläger-Methode« propagieren. Aber ich bin davon überzeugt, Körper- und Schlägereinsatz dadurch so trainieren zu können, daß die Konzeption und erfolgreiche Durchführung ungewöhnlicher Schläge womöglich zur »zweiten Natur« wird.

Schon in meiner Kindheit kam es mir oft so vor, als ob ich in einem »Kokon« oder unter einer Luftblase wäre, in der ich mich dann, abgeschirmt von der Außenwelt, ganz und gar auf mein Spiel konzentrieren konnte. Heute ziehe ich mich schon drei Wochen vor den großen Meisterschaften ganz bewußt in diesen »Kokon« zurück. Pünktlich vor diesen Terminen senkt sich eine Wolke über mich und wird immer dichter, je näher die Meisterschaft herankommt. In diesen Tagen bin ich dann äußerlich und innerlich so ausschließlich auf das bevorstehende Spiel konzentriert, daß die Menschen um mich herum wie durch eine Glasscheibe zu mir sprechen. Es ist ganz eigenartig: Ich höre sie sehr gut, aber ihre Stimmen scheinen von weit her zu kommen.

Kurz vor dem Start kreisen alle meine Gedanken nur noch um das Spiel und mein stragetisches Konzept, so daß die Umwelt praktisch kaum mehr existiert. So höre ich zum Beispiel nie das

Klappern der Schläger meiner Partner und kaum den Applaus der Zuschauer. Selbst nach der Runde in meinem Hotelzimmer könnte die Hölle losbrechen – ich würde es nicht merken, weil ich in meiner eigenen Welt eingeschlossen bin.

Sollten Sie mich also einmal bei der Masters, der US- oder der British Open oder der PGA Championship mit einem sehr ernsten Gesicht sehen, so verstehen Sie das bitte. Dies deutet nur darauf hin, daß ich in meinem tiefsten Innern hart darum kämpfe, diese Meisterschaft zu gewinnen.

Mich vor einer großen Meisterschaft so richtig in meinen »Kokon« einzuspinnen, gelang mir zum ersten Mal 1979 bei der British Open im *Royal Lytham & St. Anne's*. Es wurde mein erster großer Triumph; aber das Bewußtsein völliger Isolation und Konzentration während dieser Tage erschreckte mich so, daß ich dafür unbedingt eine Erklärung finden mußte. Ein befreundeter Arzt erläuterte mir, daß der junge, überaus ehrgeizige Seve Ballesteros, der um jeden Preis gewinnen wollte, bei großen Meisterschaften sozusagen eine Verwandlung erlebte. Der Rückzug in den »Kokon« war ein Rückzug in die Tage der Jugend.

Vielleicht sollte ich das näher erklären. Sehen Sie in mir bitte keine gespaltene Persönlichkeit, keinen »Dr. Jekyll und Mr. Hyde«. Ich hoffe vielmehr, immer der gleiche erwachsene, reife und einigermaßen ausgeglichene Seve Ballesteros zu sein. Trotzdem ist der einsame Junge, der sich völlig von der Außenwelt abschließen und nur noch für sein Golfspiel da sein konnte, immer noch ein großer und in bestimmten Situationen dominierender Teil meines Wesens. Und das ist gut so, für mich persönlich und für mein Spiel.

Die wichtigsten Meisterschaften sind für mich eine große emotionale Belastung, so daß ich vom ersten Abschlag bis zum letzten Putt unter einer starken inneren Spannung stehe. Deshalb vergieße ich nach einem Sieg auch Freudentränen und nach einer Niederlage solche der Trauer.

Der steinige Weg eines entschlossenen jungen Mannes

Der Grund für meinen stets vollen Einsatz ist wahrscheinlich darin zu sehen, daß ich seit frühester Jugend fest entschlossen war, einmal wirklich erfolgreich zu werden. So stand ich an

Der ideale Zustand für mich ist das Einspinnen in eine Art »Kokon völliger Konzentration«, in dem ich mein Temperament zügeln, meine Gedanken sammeln und mein weiteres Spiel ohne Störungen von außen planen kann.

Sommertagen vor Sonnenaufgang schon auf dem Übungsplatz, und selbst wenn ich mir eine kurze Mittagspause erlaubte, so rannte ich doch sofort wieder hinaus, wenn mir eine neue Idee gekommen war. Ich konnte es einfach nicht abwarten, meine Vorstellungen in der Praxis auszuprobieren. »Seve, wo rennst du hin? Bist du verrückt?« rief meine arme Mutter hinter mir her. Und genau das war ich – verrückt nach Golf!

Dabei wurde ich fast ausschließlich von meinem eigenen Vorstellungsvermögen geleitet. In meinem »Spiel« war ich gleichzeitig Produzent, Regisseur und Hauptdarsteller. Kein Wunder, daß es da manch harte Kontroverse gab. Gleich zu Anfang wurde ich ein Opfer des »Macho-Syndroms«, weil ich törichterweise versuchte, jeden Ball mit äußerster Kraft zu schlagen. Ach, wenn mir doch nur damals schon klar geworden wäre, was ich heute über das Geheimnis eines kraftvollen Spieles weiß! Schlägerkopfgeschwindigkeit ist nun mal nicht allein entscheidend für die Länge des Schlages, was immer Sie auch darüber gehört oder gelesen haben. Einzig und allein entscheidend ist, *so* schnell zu schwingen, daß man den Ball immer wieder square und mit dem Sweetspot der Schlagfläche treffen kann. (Das wurde mir bestätigt, als ich vor ein paar Jahren im *Tournament Players Club* in Florida eine computergesteuerte Schwungmaschine ausprobierte. Bei einem in normalem Tempo ablaufenden Schwung arbeiteten Körper und Schläger harmonisch zusammen und ergaben laut Computer eine mehr oder weniger konstante Drivelänge von zweihundertfünfzig Metern. Schlug ich aber mit aller Kraft auf den Ball, so war das Timing miserabel, und wenn der Schlägerkopf vielleicht auch 35 km/h schneller geschwungen wurde als sonst, 225 km/h anstatt 190 km/h, so erreichte mein Schlag trotzdem nur eine um etwa zehn Meter geringere Weite.

Nun glaube ich ohne Überheblichkeit sagen zu können, daß mein Schwungtempo, wenn ich gut in Form bin, zu den besten überhaupt zählt. Aber Sie können mir glauben, daß es bis dahin ein harter Weg war. Es gab in meinem Bewegungsablauf lange Zeit ausgesprochene Schwachstellen und unkontrollierte Momente.

So sehe ich auf alten Fotografien manchmal wie eine entfesselte Marionette aus, mit viel zu lockeren Handgelenken, unnötigen Körperdrehungen und Schlenkern im Auf- und Abschwung. Anstelle einer kontrollierten und harmonisch ablaufenden Bewegung, wie sie jeder Golfer lernen muß, wenn er seine

Schlagfläche square und mit hoher Geschwindigkeit an den Ball bringen will, schwang ich meinen Schläger weit über die Parallelposition zurück und versuchte dann im Abschwung buchstäblich, den Ball mit aller Kraft zu »zertrümmern«. Ich war der Prototyp des »Überschwingers«, und für jeden gerade geschlagenen Ball gingen drei rechts oder links in die Büsche, was für einen Burschen, der einmal der Welt bester Golfer werden wollte, nicht gerade vielversprechend war.

Das änderte sich erst, als ich an einem Tag einmal meine sämtlichen Bälle im Wald verlor. Aus Angst, als Strafe dafür auf dem Hof arbeiten zu müssen, ging ich nicht nach Hause, sondern versuchte statt dessen ein paar ungewöhnliche »Trickschwünge«.

So zum Beispiel einen Schlag nur mit der rechten Hand, dann nur mit der linken, im Knien, mit dicht zusammenstehenden Füßen und schließlich nur auf dem linken Bein stehend. Diese Übungen bewirkten natürlich keine Wunder, aber ich erkannte doch zum ersten Mal, was es heißt, einen Golfschwung zu »fühlen«.

Der Schwung mit der linken Hand allein zeigte mir, daß diese zusammen mit dem linken Arm quasi die Verlängerung des Schlägerschaftes darstellt, daß diese Linie sich im Rückschwung nicht wesentlich verändern und im Treffmoment keinesfalls zusammenbrechen darf. Ich entdeckte, daß sich der Takeaway am besten mit der rechten Hand kontrollieren läßt, die dann im späteren Verlauf des Schwungs die wichtigste Kraftquelle darstellt. Beim Schwung im Knien wurde mir klar, wie wichtig das Aufdrehen des Oberkörpers ist, und bei zusammenstehenden Füßen zeigte sich die Bedeutung eines frei fließenden Schwunges der Arme. Und als ich schließlich nur auf dem linken Fuß stand, merkte ich, wie wichtig die Gewichtsverlagerung im Abschwung von rechts nach links tatsächlich ist.

Die aus diesen häufig wiederholten Übungen gewonnenen Erkenntnisse wurden allmählich feste Bestandteile meines Schwunges und führten dazu, daß ich meinen Ball etwas kräftiger und dabei gleichzeitig präziser schlagen konnte. So wurde der Schwung eine in sich geschlossene Einheit – und dennoch fehlte noch etwas. Ich wußte das zwar, brauchte ohne einen Lehrer aber lange Zeit, um es herauszufinden. Es lag an meinem Griff und an der Stellung am Ball, zwei ganz entscheidende Faktoren vor dem Einsetzen des Schwunges, die wir in diesem Buch noch sehr detailliert untersuchen werden.

Entdeckung der Geheimnisse des kurzen Spiels

Lange Zeit machte es mir besonderen Kummer, daß ich mit dem einhundertachtzig Meter langen »La Riviera-Hole« in Pedreña einfach nicht fertig wurde, so daß ich schließlich meinen Bruder Manuel zu Rate zog. »Seve, lerne erst einmal, den Ball richtig in die Luft zu bekommen – und dann kannst Du Dich mit allen möglichen anderen Fragen beschäftigen!«

Dieses Mal versuchte ich die Lösung der gestellten Aufgabe aber nicht im Alleingang, sondern zusammen mit meinen vier Caddiefreunden, Juan, Jorge, José und Salvador. Das Üben mit den »amigos« war äußerst hilfreich.

Ohne irgendeinen richtigen Unterricht hatten wir von den Grundregeln des Spiels natürlich nur sehr vage Vorstellungen, standen immer wieder anders am Ball und mußten unseren Schwung daraufhin auch häufig umstellen. Das kam uns beim kurzen Spiel zugute, weil im Gegensatz zum langen Spiel Vielseitigkeit und Phantasie hier sehr viel mehr gefragt sind.

Da waren wir nun, wir fünf, teilten uns ein Eisen 3 und übten entweder auf den Feldern oder heimlich, still und leise auf dem Pedreña-Platz, suchten uns dabei alle nur möglichen Lagen und lernten aus den Erfolgen und Fehlschlägen jedes einzelnen.

Zu meiner Überraschung kam ich sehr bald dahinter, daß Planung und Ausführung eines schwierigen Recovery Shots mindestens so reizvoll sein können wie das Schlagen langer Bälle. Und nachdem mir viele derartige Schläge gründlich mißlungen waren, sah ich ein, daß man sich zur Beherrschung des kurzen Spiels viel mehr auf den Verstand und weniger auf die Muskeln verlassen muß, mehr auf Phantasie und Ballgefühl als auf Kraft und die mechanische Beherrschung des Schwunges.

Der Wert einer lebhaften Imagination

Im Gegensatz zu dem formell geschulten, eher »mechanisch« agierenden Spieler, der eigentlich nur einen Grundschwung lernte und mehr oder weniger immer den gleichen Schlag spielt, verfügte ich über eine Vielzahl nützlicher Schwungvarianten und kann demzufolge aus einer Situation auf verschiedene Art und Weise herauskommen. Diese Vielseitigkeit entwickelte sich inzwischen zu einer äußerst wirksamen Wettkampfwaffe.

Häufig wiederholte Trickschläge gaben mir schon in jungen Jahren Aufschluß über wichtige Grundregeln – so zum Beispiel, daß die rechte Hand den Takeaway am besten kontrolliert und später die primäre Kraftquelle für den Schlag darstellt.

So habe ich immer eine klare Vorstellung davon, wie der Ball sich in der Luft und am Boden verhalten wird. Das Ein-Schläger-Training befähigt einen dazu, einer gegebenen Situation mit einer Vielzahl unterschiedlicher Schlagvariationen zu begegnen. Wenn Sie dann überlegen, wie hoch oder niedrig der Ball fliegen soll, mit wieviel und mit welchem Drall, wo er aufsetzen und wie schnell und weit er ausrollen soll, dann können Sie alle gefährlichen Schlagvarianten vermeiden und sich ganz auf den für die betreffende Situation idealen Schlag einstellen.

Eine solche Vielzahl von Schlägen vor Augen zu haben und das jeweilige Resultat vorhersagen zu können, kennzeichnet für mich echtes »Golfgefühl«. Und wenn man die Schläge dann auch noch so ausführen kann, dann ist das die höchste Stufe des

»Percentage Golf« (d.h. die Ausführung eines Schlages unter größtmöglicher Ausschaltung jeglichen Risikos).

Das Training mit einem Schläger gibt Ihnen die Chance, Ihrer Fantasie freien Lauf zu lassen. Legen Sie den Ball hoch oder tief ins Gras, stellen Sie sich square, offen oder geschlossen hin. Spielen Sie den Ball vom linken Fuß, vom rechten und von allen dazwischenliegenden Punkten. Schwingen Sie in einem steilen und in einem flachen Bogen, mit aktiven oder passiven Händen, unter Einsatz der Beine und ohne. Schwingen Sie von innen nach außen und umgekehrt. Schlagen Sie lange, mittlere, kurze Bälle mit ein und demselben Schläger. Merken Sie sich genau, wie der Ball sich in jedem einzelnen Fall verhält, und lernen Sie daraus!

Heute weiß ich, daß ein Eisen 3 für den Anfang alles andere als ideal ist.

Ich erinnere mich noch, wie der Ball schneller startete, sobald zwischen ihm und dem Schlägerblatt nasses Gras war. Das gleiche geschah, wenn der Ball hoch auf dichtem Gras lag. Erst allmählich, nach vielen Versuchen, verstand ich, wie man aus diesen »Flyerlagen« am besten herauskommt: Man schwingt von außen nach innen quer »durch den Ball« hindurch, gibt ihm dadurch einen Rechtsdrall, und er fliegt automatisch höher.

So lernte ich es Schritt für Schritt, einen kurzen Ball selbst aus tiefem Rough weich herauszuschlagen. Ich drehe das Schlägerblatt auf, schwinge steil zurück und schlage ohne wilde Kraft direkt hinter dem Ball ins Rough, wobei das Körpergewicht weitgehend auf der rechten Seite bleibt. Der Ball wird leicht und hoch aus dem Rough herausfliegen.

Das bisher Gesagte soll nun keinesfalls den Eindruck erwekken, daß es für jedes Problem auf dem Platz nur eine einzige Lösung gäbe. Auch hierbei zahlte sich das gemeinsame Üben mit den Freunden aus. Jeder spielte mit einer anderen Technik und bekam seinen Ball trotzdem an die Fahne.

So entdeckten wir nicht nur, daß es viele Wege nach Rom gibt, sondern auch noch etwas anderes: Je vielseitiger man in technischer Hinsicht wird, desto fantasievoller kann man die einzelnen Schläge ausführen, und je fantasievoller man wird, desto sicherer bewältigt man schwierige Recovery Schläge. So kann ich heute im Laufe eines 72-Löcher-Turniers vielleicht mehrfach in einer ähnlichen Lage sein, aber ich werde sicherlich nicht zweimal denselben Schlag spielen.

Würde ich noch einmal von neuem beginnen müssen, so wäre der Schläger meiner Wahl ein Eisen 7, das nach meiner Meinung am besten dafür geeignet ist, dem Schüler das richtige Gefühl für den Ball und Schlag zu vermitteln.

Dieser Schläger hat einen Loft von 39°, fünfzehn Grad mehr als das Eisen 3, sein Schaft ist um fünf Zentimeter kürzer, und was das Wichtigste ist, er »steht« steiler, so daß er leichter zu schwingen ist. Das Eisen 3 mit längerem Schaft und flacherer Stellung war für einen jungen und noch relativ kleinen Buben schon ein Problem. Ich hatte immer das Gefühl, dem langen Schaft ausweichen zu müssen, schwankte daher mit dem Körper hin und her, und schwang den Schläger zu weit um mich herum, in einem viel zu flachen Schwungbogen, der mir noch jahrelang Ärger machte.

Mit dem Eisen 7 werden Sie aufgrund einer steileren Lage und seines kurzen Schaftes auch ganz automatisch steiler schwingen. Ich sehe darin einen großen Vorteil, nicht nur weil alle kurzen Schläge mit einem steilen Schwung leichter zu spielen sind, sondern weil der steile Schwungbogen es dem Spieler leichter macht, den Schlägerkopf auf der Linie zum Ziel »durch den Ball« hindurchzuschwingen, und dies deshalb, weil der steile Schwungbogen insgesamt sehr viel weniger von der Linie zum Ziel abweicht als der flache, um den Köper herumgeführte.

Sollten Sie also die Ein-Schläger-Methode auch einmal ausprobieren wollen, so versuchen Sie damit so viele unterschiedliche Schläge wie nur irgend möglich zu spielen. Sie werden überrascht sein, wie günstig sich das auf Ihr ganzes Spiel auswirken wird.

Fantasie – Voraussetzung eines guten Spiels

Ich gehe an mein Ein-Schläger-Training etwa so heran, wie ein Pianist, der sich zum Improvisieren an den Flügel setzt. Er läßt Gedanken und Fingern freien Lauf über die Tasten, bis er glaubt, eine brauchbare Idee gefunden zu haben.

So folge auch ich meinem Instinkt, wechsle häufig den Stand und schwinge den Schläger in unterschiedlichen Bahnen – immer auf der Suche nach neuen Schlagvarianten, die letztlich meinen Score verbessern sollen. Der typische Clubgolfer macht leider nur selten solche Experimente. Er ist mit

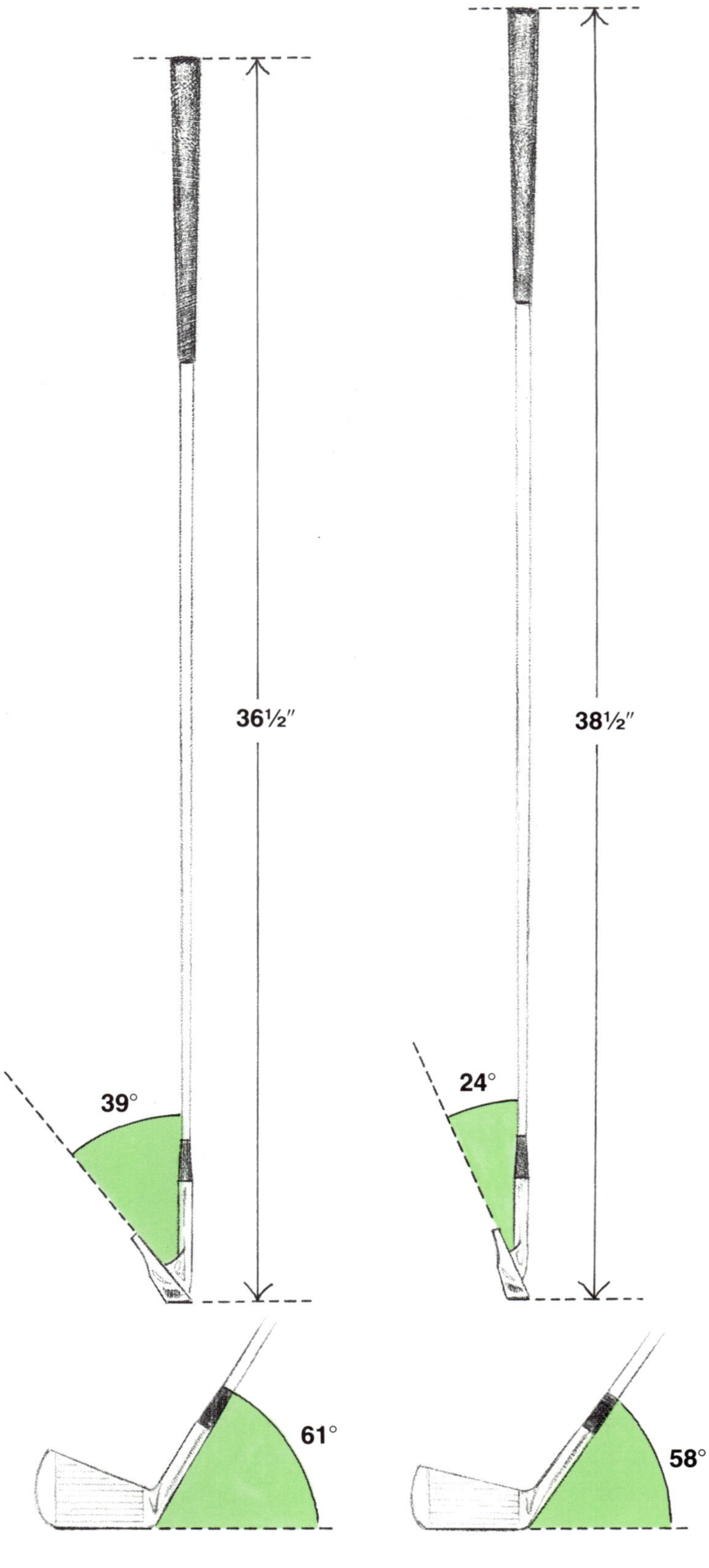

Das Eisen 7 ist ideal zum Erlernen einer guten Schlagtechnik und eines feinen »Touchs«. Sein relativ kurzer und steil stehender Schaft erleichtert einen kontrollierten Schwung in der korrekten Schwungbahn. Sein Loft von 39° gibt dem Spieler das nötige Vertrauen, den Ball auch wirklich in die Luft zu bekommen.

einem Standardschwung zufrieden, an dem er ständig arbeitet.

Ich respektiere ein systematisches Vorgehen durchaus. Das sture Festhalten an einer einzigen Übungsmethode nimmt dem Spieler aber die Möglichkeit, einen anderen und besseren Weg für einen bestimmten Schlag zu finden und sein Spiel vielseitiger zu gestalten.

Bei längeren Pausen in Santander, weit entfernt vom äußeren und inneren Druck der Turniere, suche ich stets nach neuen Schlagarten und -methoden. Beim unbeschwerten Experimentieren habe ich zum Beispiel neulich einen neuen Schlag aus dem Sand konzipiert, den ich Ihnen beschreiben möchte.

Liegt der Ball im Bunker zwar gut, aber nahe der hohen Kante, und steht die Fahne kurz dahinter, so ist es mir bisher nur selten gelungen, den Ball nahe ans Loch zu spielen. Schließlich fand ich die Lösung. Ich mußte den Schläger so kurz greifen, daß die rechte Kontrollhand bereits auf dem Metallteil des Schaftes lag. Diese an sich simple Griffänderung führte dazu, die Handgelenke im Takeaway sehr frühzeitig abzuwinkeln und den Schläger steil zurückzuschwingen. Gleichermaßen wichtig ist, daß die Hände bei diesem kurzen Schwung eher schneller werden und das Schlägerblatt wie ein Messer unter dem Ball durch den Sand hindurchschneiden lassen. Der Ball fliegt steil über die Bunkerkante, setzt weich auf und stoppt sehr schnell.

Ich fand diese Schlagvariante, als ich ein altes Eisen 7 und einen Sand Wedge so abgeschnitten hatte, daß Sergio, der jüngere Sohn meines Bruders Manuel, damit üben konnte. Während einer »Spielstunde« wollte der Onkel dem kleinen Neffen das Bunkerspiel demonstrieren und nahm dazu den abgeschnittenen Sand Wedge. Nachdem ich damit ein paar Bälle mühelos an die Fahne gelegt hatte, versuchte ich das gleiche mit meinem normal langen Sand Wedge ohne den gleichen Erfolg.

Das war eine überraschende Entdeckung, und sie bestärkte meine Überzeugung, daß jeder Golfer in der Lage ist, Schläge zu erfinden, die bei ihm besser funktionieren als Lehrbuchlösungen, er muß nur genügend Selbstvertrauen haben, um die ausgetretenen Pfade zu verlassen und Neuland zu erkunden.

Durch experimentelles Üben können Sie nützliche, neue Schläge entdecken, wie den hier dargestellten. Liegt der Ball gut im Bunker, aber nahe an der hohen Kante, so greife ich den Sand Wedge ganz kurz, kann ihn dadurch steil zurückschwingen und mit dem Schlägerblatt wie mit einem Messer unter dem Ball durch den Sand hindurchschneiden. Der Ball fliegt steil über die Bunkerkante, setzt weich auf und stoppt sehr schnell.

DER VOLLE SCHWUNG

Kapitel 3

Der korrekte Griff

Rein instinktiv habe ich meinen Schläger immer vorwiegend mit beiden Händen geschwungen, die glücklicherweise von Natur aus sehr kräftig sind. In normalen Unterrichtsstunden hätte man mir wahrscheinlich beigebracht, mehr mit Armen und Körper zu schwingen, was sicher zu einem eher steifen, mechanischen Schwungablauf geführt hätte. Dabei wäre es mir wohl kaum gelungen, das feine Gefühl für den Einsatz des Schlägerkopfes zu entwickeln und so viele unterschiedliche Schläge zu beherrschen. Im Rückschwung ziehe ich den Schläger in einer ruhig ablaufenden Bewegung mit den Händen zurück, und im Abschwung in einer fast gleichen, nur kräftigeren Bewegung wieder nach unten. Ich halte es für ganz natürlich, den Händen die Kontrollfunktion während des Schlags zuzuordnen. Trotzdem darf man natürlich nicht übersehen, daß ein präziser und kraftvoller Golfschwung von dem wirkungsvollen Einsatz und der entsprechenden Reaktion aller Körperpartien abhängt. Weder dürfen die Hände allein den Ablauf des Schwunges bestimmen, noch darf der Körper so dominierend sein, daß die Hände praktisch ausgeschaltet sind.

Nachdem ich diese beiden Grunderkenntnisse schon frühzeitig, aber nach schmerzlichen Enttäuschungen gewonnen hatte, suchte ich einen goldenen Mittelweg zwischen zu starkem und zu schwachem Einsatz der Hände. Außerdem sollten die Arme und der übrige Körper nach dem Einsetzen des Schwunges optimal aktiv werden können.

Jeder Golfer, der wie ich das Gefühl hat, den Ball direkt mit den Händen zu schlagen, und nicht nur indirekt, wird dem Griff große Bedeutung zumessen. Schließlich trägt ein korrekter Griff sehr viel zum Gelingen des Schwunges bei:
1. Das genaue Ausrichten der Schlagfläche square zum Ziel beim Ansprechen des Balles.
2. Einsatz des Schwunges durch den Takeaway flach am Boden, gerade zurück auf der Linie zum Ziel.

3. Das sichere Festhalten des Schlägers während des ganzen Schwunges, besonders wenn der Schlägerkopf am Ende des Rückschwunges und im Treffmoment die Hände außerordentlich belastet.
4. Ein harmonischer Schwungablauf in korrektem Tempo und Ausgleich zwischen dem Einsatz von Händen, Handgelenken, Armen und Körper.
5. Die wirkungsvolle Übertragung der Körperkraft auf den Schlägerkopf.
6. Die Fähigkeit, den Schlägerkopf immer wieder square »in den Ball« hineinzubringen mit einer Geschwindigkeit von fast 200 km/h, beziehungsweise so schnell, wie es Ihnen bei einem kontrollierten Schwungablauf möglich ist.

Leider betrachten viele Amateure den Griff als eine zu vernachlässigende Größe. Andere erkennen zwar seine Bedeutung für das Spiel, aber nur in Augenblicken tiefer Verzweiflung oder großer Begeisterung. Und wenn der verbesserte Griff sie dann nicht gleich zu einem zweiten Arnold Plamer macht, fallen sie schnell wieder in die alten Fehler zurück.

Ein geänderter Griff bewirkt per se noch keine grundsätzliche Schwungverbesserung und schon gar nicht in ein paar Übungsstunden. Meist wird es so sein wie früher bei mir, daß man auch mit geändertem Griff den Schläger weiter auf die alte, im Zweifel falsche Art schwingen wird, zumindest für eine längere Übergangszeit, weil eingefahrene Fehler sich eben nur schwer ausmerzen lassen. Ausdauer, Geduld und ständiges Üben werden aber auf die Dauer zum Erfolg führen.

Lassen Sie mich Ihnen einen Tip geben, wie Sie beide Hände korrekt an den Schlägerschaft legen können. Stellen Sie sich einen Eisenschläger vor, der mit der Sohlenplatte plan auf dem Boden steht, die horizontalen Einkerbungen im Schlägerblatt square zu Ball und Ziel ausgerichtet. Stellen Sie sich nun so an den imaginären Schläger, daß Ihre Füße, Knie, Hüften und Schultern parallel zu der imaginären Linie vom Ball zum Ziel stehen, während Ihre Arme an beiden Seiten des Körpers gerade herunterhängen, so daß die Handflächen sich einander gegenüber befinden. Strecken Sie jetzt die Arme aus, und legen Sie beide Hände an den square ausgerichteten Schläger, ohne die Stellung der Handflächen zu verändern. Diese Parallelhaltung der Handflächen ist wichtig, weil die Hände nur dann nach dem

Einsetzen des Schwunges wirklich als eine Einheit wirken können.

Der Griff der linken Hand

Ohne das Gefühl für den Schläger zu verlieren und die Flexibilität der Handgelenke zu beeinträchtigen, ist der Griff am sichersten, wenn der Schaft diagonal über den Fingerwurzeln und im Ballen der linken Handfläche liegt, mit dem Schaft-Ende fest am linken Handballen.

Zur besseren Kontrolle des Schlägers sollten Sie den linken Daumen gerade und so weit wie möglich den Schaft hinunterstrecken und nicht zulassen, daß er sich auf der rechten Seite um den Schaft dreht. Nur so kann er die Lücke zwischen den Fingerspitzen und der Handfläche schließen, die sonst zu einer Lockerung Ihres Griffes führen könnte. Prüfen Sie dann, ob der Rücken der Hand zum Ziel zeigt, und ob Sie bei square ausgerichteter Schlagfläche zwei bis zweieinhalb Fingerknöchel sehen können.

Der Griff der rechten Hand

Es gibt drei Varianten für die Verbindung zwischen rechter und linker Hand am Schlägerschaft. Welche für Sie auch immer am besten geeignet sein mag, der Griff der rechten Hand sollte wie folgt aussehen:

Halten Sie den Schläger in den Fingerwurzeln, so daß Hand und Handgelenk sich frei bewegen und dem Schlägerkopf im Treffmoment die höchste Geschwindigkeit geben können. Beim Schließen der rechten Hand müssen der Daumenballen über dem linken Daumen liegen, die Handflächen einander gegenüberstehen, und der Daumen schräg nach links über dem Schaft liegen; wobei er die Spitze des rechten Zeigefingers gerade berührt. Dadurch werden die Muskeln in rechter Hand und rechtem Arm so aktiviert, daß sie die rechtsseitige Zugwirkung beim Takeaway gut einsetzen können. In diesem Moment sind alle Finger der linken und rechten Hand in direktem Kontakt mit dem Schlägerschaft.

Das ist der sogenannte Basisgriff, der »Zehn-Finger-« oder »Baseball-Griff«, wie er in den Vereinigten Staaten genannt wird. Ein oder zwei PGA Tourspieler mit kleinen oder schwa-

Ein korrekter Griff ist die unabdingbare Voraussetzung dafür, die Schlagfläche permanent square und mit hoher Geschwindigkeit »in den Ball« hineinzuschwingen – und das wiederum ist das Geheimnis des ganzen Spiels.

chen Händen benutzen ihn, die meisten »verbinden« die Hände aber enger miteinander, damit sie als Einheit wirken. Das kann beispielsweise durch den »Interlocking Griff« geschehen, mit dem unter anderen Gene Sarazen und Jack Nicklaus spielen. »Interlocking« heißt ganz einfach, daß der rechte kleine Finger zwischen Zeige- und Mittelfinger der linken Hand gelegt wird.

Die am weitesten verbreitete Griff-Variante ist aber der »Overlapping Griff«, berühmt durch den ersten Golfstar, Harry Vardon, und seither von der Mehrzahl aller Spitzenspieler benutzt. Dabei wird der rechte kleine Finger über den linken Zeigefinger gelegt, oder, wie ich es für einen besonders sicheren und festen Griff mache, man legt ihn von oben in die Kuhle zwischen linkem Zeige- und Mittelfinger.

Als passionierter Experimentierer habe ich alle drei Varianten ausprobiert, mich aber aus verschiedenen Gründen für den »Overlapping Griff« entschieden, noch bevor ich Professional wurde.

Der »Overlapping Griff« gibt mir von vornherein ein sicheres Gefühl für die Zusammenarbeit der Hände, so daß ich beim Ansprechen des Balles nicht mit den Fingern herumfummeln muß und dabei womöglich Gefahr laufe, den anfänglich square ausgerichteten Schlägerkopf unabsichtlich zu verdrehen.

Mit diesem Griff kann ich die gerade Linie von linkem Arm und Schlägerschaft am besten bewahren, wenn ich zum Schwung ansetze. Das ist entscheidend für ein exaktes Treffen des Balles.

Nicht zuletzt paßt der Overlapping- oder Vardon-Griff zu der »Führungsrolle« meiner rechten Hand und erleichtert mir eine permanente Wiederholung des ganzen komplexen Schwungablaufs. Wenn mein rechter kleiner Finger auf dem linken Zeigefinger und damit nicht direkt am Schlägerschaft liegt, so wird der von Natur aus stärkeren rechten Hand gerade so viel von ihrer Kraft genommen, daß sie nicht zu sehr über die linke dominieren kann, wenngleich sie nach wie vor die Kontrolle über den Schlag behält, da sie ja näher am Schlägerkopf ist als die linke.

Beim Interlocking Griff merke ich wohl, daß die Hände mehr als eine Einheit erscheinen, weil sich der kleine Finger der rechten Hand so »hübsch« um den linken Zeigefinger legt. Da hierdurch der rechten Hand aber weniger von ihrer übermäßigen Kraft genommen wird, besteht die Gefahr, den Schläger im Rückschwung zu sehr nach innen zu reißen, und das führt wiederum dazu, daß die rechte Hand zu früh an den Schlag kommt, die Schlagfläche sich zudreht, und der Ball nach links fliegt.

Ich will nun aber den Overlapping Griff keinesfalls als den einzig richtigen bezeichnen. Dies muß wirklich jeder Spieler selbst entscheiden. Es gibt aber gute Spieler mit großen Händen, die den Interlocking Griff bevorzugen, und ebenso andere mit kleinen Händen, die mit dem Overlapping Griff besser zurechtkommen. Wie die Pros sollten auch Sie vor einer endgültigen Entscheidung sorgfältig prüfen, welcher Griff für Sie und Ihre Hände am besten geeignet ist.

Neutral, schwach oder stark

Was bedeuten diese Bezeichnungen und inwieweit beeinflussen sie Ihr Spiel? Bei einem neutralen Griff stehen die Handflächen parallel zueinander, linker Handrücken und rechte Handfläche zeigen zum Ziel, und die beiden »V's« von Daumen und Zeigefinger zeigen auf eine Stelle zwischen Kinn und rechter Schulter. Das ist der Griff der Mehrzahl aller guten Spieler.

Bei dem sogenannten »schwachen« Griff ist die rechte Handfläche etwas nach links zum Boden hin gedreht, und die beiden »V's« zeigen zum Kinn des Spielers oder sogar noch etwas mehr nach links. Ich habe auch damit experimentiert, aber festgestellt, daß die Drehung der Hände und Handgelenke im Schwung dadurch erschwert wird. Außerdem schiebt sich die rechte Schulter beim Ansprechen des Balles nach vorn, so daß der Oberkörper zum Ziel hin leicht aufgedreht wird, der Schwung dadurch von außen nach innen verläuft, und ein Pull oder Slice entsteht.

Schlechte Erfahrungen habe ich auch mit dem sogenannten »starken« Griff gemacht, bei dem der Rücken der linken und die Fläche der rechten Hand nach oben, und die »V's« beider Hände in eine Richtung rechts von der rechten Schulter weisen. Bei diesem Griff drehten sich meine Handgelenke zu weit, wurde der rechte Ellbogen nach unten gedrückt, so daß Arme und Handgelenke im Uhrzeigersinn weit »überrollten«, und der Rückschwung zu flach wurde.

Das sind natürlich nur meine persönlichen Erfahrungen. Für andere, nicht ganz so kräftige und »schnelle« Spieler mag es durchaus sinnvoll sein, die Hände aus der neutralen Haltung heraus etwas mehr nach rechts zu drehen. Der besonders kräftige Spieler wird dagegen leicht zu einem Hook neigen, weil seine

Die Parallelhaltung der Handflächen ist unverzichtbar für einen korrekten Griff, der die Voraussetzung dafür ist, daß der Schläger in der korrekten Schwungbahn und -ebene geschwungen wird.

Um den Schlägerkopf während des ganzen Schwunges optimal unter Kontrolle halten zu können, verbinde ich meine Hände mit dem Schläger in einer ganz besonderen Weise. Mein linker Daumen ist so weit wie möglich auf dem Schaft gerade gestreckt, der Rücken der linken Hand zeigt square zum Ziel, und der kleine Finger der rechten Hand liegt »Huckepack« auf dem Zeigefinger der linken Hand.

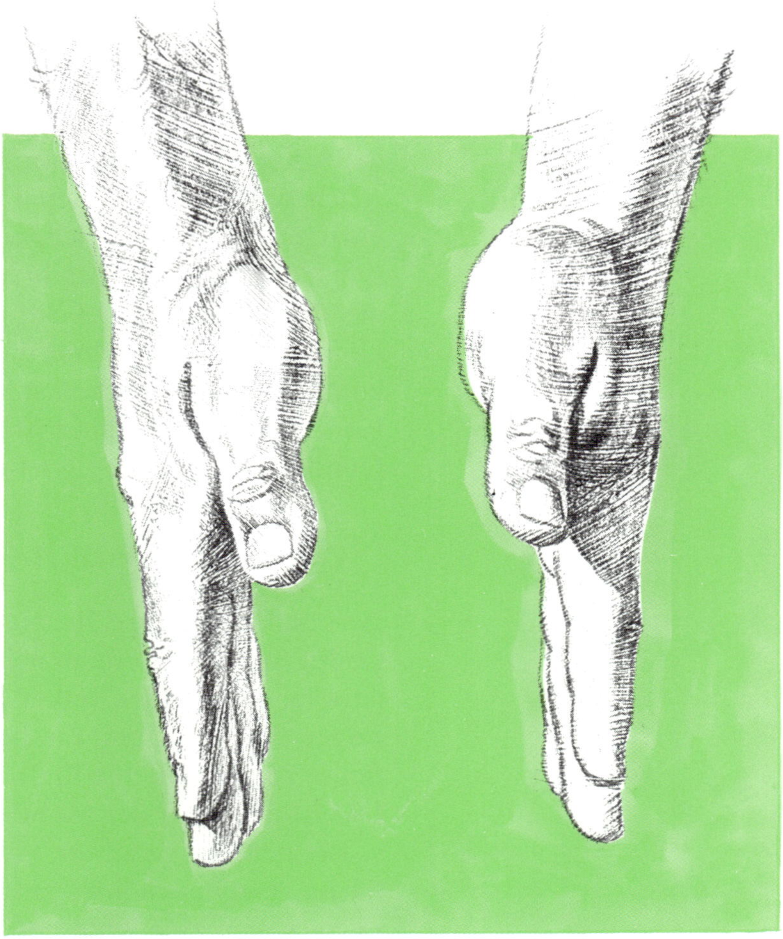

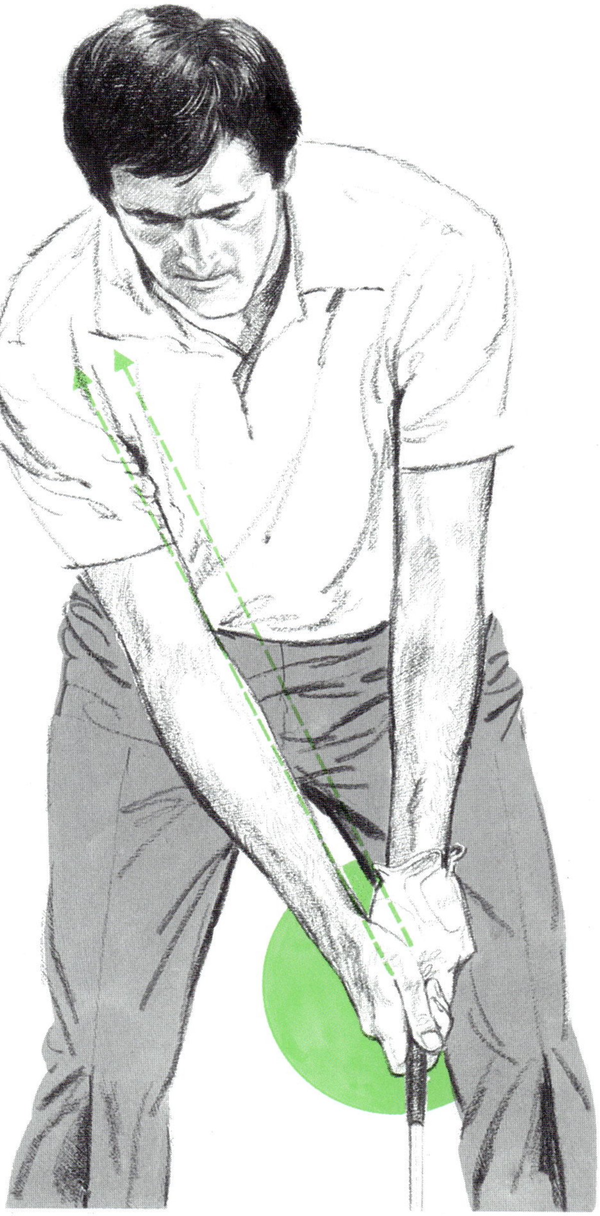

Der korrekte Griff ist für jeden Spieler eine sehr persönliche Angelegenheit, die er mit Intelligenz und Geduld klären sollte. Für mich ist die neutrale Haltung der Hände ideal, das heißt, daß die »V's« beider Hände etwa zwischen mein Kinn und die rechte Schulter weisen. Dann kann ich den Ball permanent mit voller Kraft und square treffen.

rechte Hand im Treffmoment zu schnell über die linke »rollt«. Für ihn mag der etwas schwächere Griff die beste Wahl sein. Die rechte Hand kann dann nicht so stark einsetzen, und die Schlagfläche im Treffmoment nicht so schnell »zugedreht« werden.

Leicht oder fest greifen?

Die Ratschläge hierzu sind ebenso vielseitig wie verwirrend. Man soll den Schläger mit der gleichen Kraft greifen, mit der man beispielsweise Zahnpasta aus der Tube drückt, oder so leicht, wie man einen kleinen Vogel in der Hand halten würde, oder so fest, wie man einem Freund die Hand schüttelt.

Mein Griff ist im allgemeinen mit beiden Händen relativ leicht, wobei die drei letzten Finger der linken Hand den stärksten Druck auf den Schaft ausüben. Einem Spieler zu raten, alle Schläge mit dem gleichen Druck der Hände am Schaft zu spielen, wäre aber genauso töricht, wie einem Gitarristen einzureden, die Saiten seines Instruments immer in der gleichen Weise zu schlagen – schnell oder langsam. Mein Schwung auf einer Runde wechselt ja auch zwischen kurz, lang und allen Zwischengrößen, je nachdem, ob ich den Ball hart oder weich, hoch oder flach schlagen will, was wiederum von solch variablen Größen wie der Lage des Balles, der Entfernung zum Ziel sowie den Wind- und Bodenverhältnissen abhängt. All das bedingt natürlich einen häufigen Wechsel des Drucks meiner Hände von ganz leicht bis zu ausgesprochen fest, je nachdem, wie ich den Ball schlagen und wie stark ich meine Hände in dem betreffenden Schlag einsetzen will. Manchmal greifen beide Hände sogar mit unterschiedlichem Druck. Alle diese Variationen dienen nur einem Zweck, nämlich den Einsatz der Hände im Schlag vorzuprogrammieren, damit ich während des Schlags selbst nicht mehr daran denken muß.

Bei einem vollen Drive bemühe ich mich, den Schläger mit der rechten Hand leicht zurück- und bis zur Parallelstellung nach oben zu ziehen, um ihn dann mit beiden Händen und hoher Geschwindigkeit im Abschwung durch den Ball »hindurchzupeitschen«. Durch den leichten Druck der Hände bleiben Unterarmmuskeln und Handgelenke entspannt, so daß ich den Schlägerkopf in einer fließenden Bewegung »durch den Ball« hindurchschwingen kann.

Für einen flachen Pitch-and-run oder einen kurzen Punch werde ich den Schläger dagegen mit beiden Händen greifen, damit meine Handgelenke im Schlag fest bleiben, und ich nicht den Ball entweder hoch in die Luft schlage oder toppe.

Bei langen Putts greife ich den Schläger mit der linken Hand fest und mit der rechten nur leicht. Damit stabilisiere ich mein linkes Handgelenk und verhindere ein Abdrehen des Schlägerblattes, wogegen ich mit der nur leicht greifenden rechten Hand den Schwung »fühlen« und die Stärke des Schlages genau kontrollieren kann.

Das Variieren des Drucks der Hände ist eine subtile Angelegenheit, und man sollte erst dann damit experimentieren, wenn man einen allgemein sicheren Griff gefunden hat. Dann aber würde ich unbedingt dazu raten, weil es ein weiterer Schritt zur Beherrschung aller Golfschwünge ist.

Der imaginäre »Tunnel« vom Ball zum Ziel

Kapitel 4

Das Ansprechen des Balles

Auf den Golfplätzen in aller Welt sind mir viele mehr oder weniger gute Amateure begegnet. Eines konnte ich dabei immer wieder feststellen. In ihrer äußeren Erscheinung sind diese Spieler meist recht »ansprechend«. Ihr *Ansprechen* des Balles ist dagegen eher lässig.

Eine schludrige oder gar ausgesprochen falsche Stellung am Ball ist aber der Hauptgrund dafür, daß ein so hoher Prozentsatz von Amateuren den Ball weder besonders weit noch gerade schlagen kann. Merken Sie sich bitte die folgenden Worte: In einem viel größeren Maß als die meisten Golfer (mit Ausnahme der besten) ahnen, entscheidet das Ansprechen des Balles nicht nur über Schwungbahn und Schwungebene, sondern auch über Art und Qualität des gesamten Bewegungsablaufes.

Wenn es Ihr Ziel ist, alle Schläge zu beherrschen und einen guten Score zu erzielen, dann müssen Sie sich einen routinemäßigen Ablauf für all das zurechtlegen, was Sie *vor* dem eigentlichen Schwung beachten sollten:

1. Genaue Analyse aller Anforderungen des gerade vor Ihnen liegenden Schlages.
2. Wahl des Zieles, das Sie anspielen wollen.
3. Genaue Vorstellung davon, wie der Ball zu dem gewählten Ziel fliegen soll.
4. Sorgfältige und von Selbstvertrauen getragene Einstellung in bezug auf den auszuführenden Schlag.
5. Präzise Ausrichtung der Schlagfläche auf die beabsichtigte Flugbahn des Balles.
6. Ausrichtung Ihres Körpers analog zur Schlagfläche und zur Flugbahn des Balles.
7. Stellung am Ball, aus der heraus Sie den Schläger in der für den beabsichtigten Schlag optimalen Form schwingen können.

Ehrlicherweise will ich zugeben, daß auch ich anfangs Zielansprache, Ausrichtung, Stand und Haltung als Nebensächlichkeiten ansah und mir die Beschäftigung mit ihnen eher lästig war. Wie viele andere naive Anfänger glaubte ich meinen eigenen Weg gehen zu können und stand bei Ansprechen des Balles entweder so krumm wie der Glöckner von Notre Dame oder so steif wie ein Wachtposten vor dem Buckingham Palast.

Schließlich wurde ich es aber so leid, im Wald nach meinen verlorenen Bällen zu suchen, daß ich mich zu einer der schmerzlichsten Erkenntnisse des Golfsports durchrang: Wer seinen Schläger permanent korrekt schwingen will, hat nur einen geringen Spielraum für persönliche Vorlieben. Mit anderen Worten: Wer es zu etwas bringen will, kommt um die Beachtung und Befolgung gewisser Grundregeln nicht herum. Von diesem Tag an habe ich diese Grundregeln peinlich genau beachtet und mir und meinem ganzen zukünftigen Golfspiel damit einen sehr großen Dienst erwiesen.

Konzipieren und befolgen also auch Sie einen routinemäßigen Ablauf der Vorbereitungen auf den Schlag.

Einige besonders intensiv arbeitende Pros, die mir auf der Tour begegneten, sind der Ansicht, daß ein routinemäßiger Ablauf der Vorbereitungen jedes einzelnen Schlags die beste Voraussetzung dafür sei, den Schlag permanent korrekt auszuführen. Wenn man erkennt, welche Bewegungen der Körper ausführen soll und in welcher Reihenfolge, so kann der Bewegungsablauf ohne bewußte Beeinflussung »automatisch« richtig vonstatten gehen. Unvorhergesehene Zwischenfälle, aber auch zu viele »Waggles« können den Ablauf natürlich stören und das Konzept zunichte machen.

Ohne auf theoretische Betrachtungen einzugehen, kann ich nur sagen, daß ich sehr viel mehr gute als schlechte Schwünge mache, solange ich mich an eine feste Routine in den Schlagvorbereitungen halte. Und da ich mit dem Spiel meinen Lebensunterhalt verdiene, ist diese Routine für mich von großer Bedeutung. Ist dieser harmonische Ablauf irgendwann einmal gestört, so baue ich ihn mir ganz von vorne wieder neu auf. Ich bin sicher, daß das gleiche Vorgehen, zuerst auf dem Übungsplatz und dann im Spiel, auch Ihnen helfen wird, gleichmäßiger und sicherer zu schwingen.

Wenn Sie das nächste Mal die Pros am Fernsehschirm, oder besser noch in natura auf dem Übungsplatz sehen, dann achten Sie mal darauf, wie vorsichtig, methodisch und ruhig sie ihren Ball ansprechen. Schritt für Schritt erfolgt bei jedem dieser

Spieler der routinemäßige Ablauf der Schwungvorbereitungen, bis er in völligem Gleichgewicht und in der für seinen Körperbau und Schwungstil optimalen Haltung am Ball steht. Glauben Sie mir, das trägt ganz entscheidend dazu bei, daß der Schwung dieser Burschen immer so mühelos und fast »mechanisch« aussieht.

Natürlich gibt es innerhalb der Routineabläufe einzelner Spieler erhebliche Unterschiede. So schwingt Lanny Wadkins zum Beispiel wie der Blitz und befolgt eine entsprechend kurze Routine, während der sehr systematisch und gründlich vorgehende Bernhard Langer auch in seiner Routine sehr sorgfältig ist. Ich liege etwa in der Mitte zwischen den beiden. Geschwindigkeit und Inhalt der Routine sind aber längst nicht so wichtig, wie ihr stets gleichbleibender Ablauf, nachdem dieser einmal als wirksam und erfolgreich erkannt worden ist.

Seien Sie so gelassen wie möglich

Interessanterweise schlagen manche Lehrer vor, daß der Golfer sein Spiel der eigenen Persönlichkeit anpassen sollte. Wer also im täglichen Leben schnell agiert, sollte auch über seinem Ball nicht lange grübeln. Sind Sie dagegen eher ein besonnener Typ, sollte Ihre Routine mehr im Tempo eines langsamen Walzers statt eines Boogie Woogies ablaufen. Von dieser Theorie halte ich nichts! Je ruhiger ein Spieler sich an den Ball stellt, desto größer ist seine Chance, die optimale Stellung für einen präzisen und kraftvollen Schlag zu finden. Das ist meine feste Überzeugung.

Als Spanier bin ich ein eher temperamentvoller Spieler, und mein Gemütszustand unterliegt manchmal heftigen Schwankungen, sogar im Verlauf einer einzigen Runde. So muß ich ganz besonders aufpassen, daß eine Serie von Bogeys oder auch Birdies nicht dazu führt, daß sich das Tempo meiner Routine beschleunigt. Das kann ebenso leicht passieren wenn alles bestens läuft, wie im anderen Fall, wenn man »aus dem Keller heraus« wieder aufholen will. Genau das passierte mir 1986 bei den Masters. Ich lag in Führung und war überzeugt davon, diese Meisterschaft gewinnen zu können. Da leuchtete der Name von Jack Nicklaus auf der Anzeigentafel auf mit seiner fabelhaften Serie von neun Birdies und einem Eagle. Beides zusammen hatte leider zur Folge, daß meine Routine hastig und unüberlegt wurde – mit vernichtenden Folgen, wie sich zeigen sollte.

Tom Watson

Greg Norman

Jack Nicklaus

Als ich am letzten Tag zum fünfzehnten Loch, einem Par 5 kam, hatte ich den Sieg sozusagen »in der Tasche« – und warf ihn weg, weil ich mich nicht an meine normale Routine der Schlagvorbereitung hielt. Als ich für den zweiten Schlag am Ball stand, war ich töricht genug zu schlagen, ohne mir genau zu überlegen, ob ein leichter, weich geschlagener Fade mit dem Eisen 4 oder ein voll getroffenes Eisen 5 zur Fahne der optimale Schlag wäre. Unsicher und unentschlossen machte ich einen lahmen Schlag mit dem Eisen 4, und die Chance für den dritten Masters-Sieg war dahin, als der Ball im Teich links vor dem Grün verschwand.

So schlug das Schicksal zu, nur weil ich zu schnell gespielt hatte – und ich hatte mich selbst geschlagen. Das ist, wie wir alle wissen, eine besonders schmerzliche Erkenntnis, sei es auf dem Golfplatz oder im täglichen Leben.

Golf ist und bleibt nun mal ein völlig unvorhersehbares Spiel. Wir müssen mit den guten und den schlechten Runden fertig werden und versuchen, aus unseren Fehlern zu lernen. Als ich von diesen Masters zurück nach Spanien flog, wußte ich, daß ich es in der Zukunft vermeiden würde, diesen Fehler noch einmal zu machen.

Meine Medizin ist auch Ihre Medizin. Ganz einfach: Nur das gute alte Üben wird verhindern, daß wir unsere Schlagvorbereitungen übereilen. Je mehr es uns gelingt, diese Routine und diesen Rhythmus durch fortgesetztes Üben auf der Driving Range und im normalen Spiel zu festigen, desto weniger werden wir vom Pfad der Tugend abweichen, wenn es ums Ganze geht.

Das Basismodell für das Ansprechen des Balles

Als Beispiel absoluter, stets gleichbleibender Präzision in den einzelnen Schlagvorbereitungen kann ich Ihnen kein besseres Beispiel nennen als Jack Nicklaus. Der »Goldene Bär« ist der lebende Beweis dafür, daß ein systematisches Vorgehen zu einem besseren Schwung und letztlich zu einem besseren Score führt. Jacks Fähigkeit, auf der Driving Range so gut wie im Freundschaftsspiel und im härtesten Turnier durch dick und dünn unbeirrbar am gleichen Ablauf festzuhalten, ist sicher ausschlaggebend dafür, daß er so viele große Meisterschaften gewonnen hat. Kein Golfer könnte jemals einen so unglaubli-

Alle erstklassigen Golfer achten genau auf eine korrekte Stellung am Ball, weil der ganze Ablauf des Schwunges weitgehend davon bestimmt wird. Das Abwinkeln von Knien und Hüften ist dabei besonders wichtig.

chen Rekord aufstellen und bis in seine späten 40er Jahre eine so dominierende Gestalt bleiben, ohne vollendete Selbstdisziplin und eine systematische Vorbereitung auf jeden einzelnen Schlag.

Ich sehe Jack in Gedanken vor mir, hinter dem Ball stehend und konzentriert das Fairway hinunterblickend. Zuerst visiert er das Ziel, bestimmt genau den Landeplatz des Balles, und sucht sich nun einen Markierungspunkt ein paar Meter vor seinem Ball zur letzten Zielansprache. Danach überlegt er, welches der optimale Schwung wäre, indem er sich genau vorstellt, wie der Ball zum Ziel fliegen soll. Jetzt erst stellt er sich richtig an den Ball, zuerst mit dem rechten Fuß, und setzt den Schlägerkopf genau hinter den Ball, die Schlagfläche entsprechend dem beabsichtigten Seitwärtsdrall ausgerichtet. Dann schaut er noch ein-, zweimal zu seinem Zwischenziel und bringt Körper und Schläger in die endgültige Position. Nun hebt er den Schlägerkopf etwas vom Boden ab, macht ein oder zwei leichte Waggles, hält die Schlagfläche mit ihrer Mitte genau hinter den Ball und ist bereit, den Ball zu spielen.

Ich könnte Jack stundenlang beim Üben zuschauen. Die Art, wie er seinen Körper von Kopf bis Fuß ausbalanciert an den Ball stellt, ein wunderbarer Anblick. Das alles ist so harmonisch und in sich geschlossen, wie die Musik Mozarts. Wenn Sie für Ihre eigenen Bemühungen ein Modell suchen, Sie werden kein besseres finden.

Nicklaus schreibt seine Erfolge weitgehend seinem lebenslangen Lehrer, Jack Grout, zu, der ihm schon sehr früh die Bedeutung einer korrekten Stellung am Ball beibrachte. Und so gut Nicklaus auch heute ist, so gibt er doch offen zu, wie leicht ein kleiner Fehler sich in diesen Routineablauf einschleichen und das ganze Spiel kaputtmachen kann.

Deshalb sucht er auch heute noch Grout bei jeder Gelegenheit auf; und sie fangen bei ihrer Übungsstunde immer wieder von vorne an: Zielansprache, Ausrichten, Körperhaltung und alles weitere bis zum korrekten Ansprechen des Balles. Nicklaus hat oft gesagt, daß ein guter Schlag zu achtzig Prozent von den Vorbereitungen abhängt, und das mag sehr wohl stimmen.

Es ehrt mich, daß Jack meine Art, den Ball anzusprechen, positiv beurteilt. Abgesehen von dem nie nachlassenden Bemühen, an einmal als richtig erkannten Grundregeln festzuhalten, ähneln wir uns vor allem im Tempo. Wenn Sie die Zeit von der

Schlägerwahl bis zum Schlagen des Balles stoppen würden, wäre die Zeit bis auf eine oder zwei Sekunden wahrscheinlich identisch. In zwei Dingen unterscheide ich mich allerdings von Jack.

Zielansprache und »Visualisierung« des Schlages

Nicklaus sucht sich also einen Punkt auf der Linie zum Ziel, ein paar Meter vor seinem Ball, auf den er sich anstelle des eigentlichen Ziels konzentriert. Er glaubt, auf diese Weise seine Schlagfläche und seinen ganzen Körper sicherer ausrichten und sein Vertrauen in den ganzen Schlag stärken zu können.

Nun kann man über Jacks Erfolge natürlich nicht streiten; ich komme aber mit dieser Methode nicht zurecht. Wenn ich mich auf ein so naheliegendes Zwischenziel konzentriere, verliere ich die Orientierung und kann mir den Verlauf des Schlages nicht mehr richtig vorstellen. Es ist fast so, als ob ich plötzlich kurzsichtig wäre.

Ich kann nur dann darauf vertrauen, den für den jeweiligen Schlag optimalen Schwung auszuführen, wenn ich die Linie vom Ball bis zum eigentlichen Ziel klar vor Augen habe, vom Beginn der Routine bis zum letzten Augenblick vor dem Schlag. Dieser letzte Blick vom Ball zu dem entfernt liegenden Ziel bestätigt mir noch einmal, wohin ich den Ball tatsächlich schlagen will. Es ist wie die letzte Prüfung im Kontrollzentrum vor dem Abschuß einer Rakete, Wenn alles stimmt, reagiert mein Körper fast automatisch und schwingt den Schläger genau so, wie ich es mir in Gedanken vorgestellt habe.

Obwohl ich mir ein bißchen wie ein Anstreicher vorkomme, der Michelangelo kritisiert, möchte ich doch annehmen, daß Spieler mit mittlerem und hohem Handicap besser beraten sind, den Schlägerkopf beim Ansprechen des Balles leicht auf dem Boden aufzusetzen, so wie ich es tue, und ihn nicht vom Boden abzuheben, wie Jack es praktiziert. Er begründet seine Methode damit, daß er auf diese Weise beim Takeaway nicht irgendwie hängenbleiben und den Schlägerkopf in einer harmonisch fließenden Bewegung vom Ball wegschwingen könne – eine der wichtigsten Grundregeln seines Spiels.

Nun wollen wir uns nichts vormachen: Sie sind nicht Jack Nicklaus und darum wohl auch kaum in der Lage, den Schläger völlig ruhig über dem Boden zu halten, ohne sich dabei zumindest etwas zu verspannen. Sie laufen dann eher Gefahr, den Schläger zu schnell vom Ball wegzuschwingen und damit den Erfolg des ganzen Schlages in Frage zu stellen.

Suchen Sie die optimale Position für den Ball

Bis hierher haben Sie an meinen Ausführungen über das Ansprechen des Balles sicher nichts Ungewöhnliches gefunden. Für den guten Spieler, oder denjenigen, der es werden will, ist die Beachtung gewisser Grundregeln eben unerläßlich. Wenn ich aber jetzt auf die Position des Balles im Verhältnis zum Stand der Füße zu sprechen komme, so weiche ich da etwas von der Norm ab.

Im Gegensatz zu vielen amerikanischen Pros, die sich von Jugend an fast immer in gleicher Weise an den Ball stellen, liegt mein Ball bei zwei aufeinanderfolgenden Schlägen im Verhältnis zum Stand meiner Füße selten an der gleichen Stelle. Das mag mit der vielseitigen fantasievollen Planung und Ausführung meiner Schläge zusammenhängen. Damit meine ich aber nicht etwa Trickschläge, sondern den ganz normalen Standardschlag, wie ich ihn am vorhergehenden Loch auch schon gespielt habe. Wieso? Das ist eine einfache Überlegung: Spiele niemals einen Schlag, wenn die Position des Balles dir auch nur das leiseste Unbehagen verursacht!

Das mag etwas weit hergeholt klingen, zumal heutige Golflehrer eher dazu neigen, alle Schwungprobleme mit ein paar kurzen, trockenen Bemerkungen abzutun. Aber ich finde, daß man den Ball nur dann entsprechend schlagen kann, wenn man bereits beim Ansprechen ganz auf seine Leistungskraft vertraut.

Seit den frühen Tagen des Golfsports gibt es zwei Lehrmeinungen über die optimale Position des Balles. Die erste, deren erfolgreichster Protagonist Jack Nicklaus ist, empfiehlt dem Golfer, den Ball mit jedem Schläger von der Innenseite des linken Absatzes zu spielen. Die zweite, mit Arnold Palmer als ihrem Starprotagonisten, sieht den sichersten Weg für gleichbleibend gute Schläge darin, den Drive vom linken Absatz zu spielen und dann mit kürzer werdenden Schlägern den Ball immer mehr vom rechten Fuß zu spielen. Nun mögen die beiden so erfolgreich gewesen sein, wie sie wollen, ich gäbe trotzdem für keine der beiden Lehrmeinungen auch nur eine müde Pesete. Und wenn ich Ihnen raten darf, so sollten Sie es auch nicht tun.

Überlegt man sich, daß zwei der »Unsterblichen« des Golfs zwei völlig verschiedene Theorien vertreten, so kann man daraus doch nur schließen, daß es wohl keine allgemeingültige Regel für die Position des Balles beim Einsatz der verschiedenen Schläger gilt. Nun kann es natürlich durchaus sein, je nach Lehrer oder den von Ihnen studierten Magazinen und Büchern, daß Sie sich bereits für die eine oder andere Methode entschieden haben.

Wenn Sie jetzt jeden Schlag vom linken Absatz spielen, so gehe ich jede Wette ein, daß Ihre Holzschläge zum größten Teil ein Slice oder Pull-Hook werden. Der Ball liegt so weit vorn am linken Fuß, daß Sie die Schlagfläche Ihres Schlägers nur schwer square in den Ball hineinschwingen können. Das wird Sie unbewußt dazu veranlassen, bei Beginn des Abschwunges die rechte Schulter zu sehr »in den Schlag zu werfen« und dadurch den Schlägerkopf von außen nach innen quer »durch den Ball« hindurchzuschwingen. Ist die Schlagfläche im Treffmoment dann aufgedreht, gibt es einen Slice; ist sie square ausgerichtet, wird es ein gerader Pull, und wenn sie geschlossen ist, gibt es einen Pull-Hook.

Liegt der Ball gegenüber dem linken Absatz, so werden Sie viele kurze Eisen zu »dünn« treffen, weil Sie den Ball bei dieser Position nicht im Abschwung treffen können, was für diese Schläge und den angestrebten Backspin unumgänglich ist.

Folgen Sie dagegen dem Rat, den Ball mit kürzer werdenden Schlägen mehr vom rechten Fuß zu spielen, so werden Ihre kurzen und mittleren Eisen mit Sicherheit schwach getroffen und zu hoch steigen. Der Ball liegt dann nämlich so weit rechts, daß Ihr Rück- und Abschwung zu steil werden. Dann können Sie Ihren Oberkörper nicht richtig aufdrehen und dem Schlag keine Kraft geben. Ihre Divots werden wahrscheinlich eher hinter dem Ball als vor ihm sein, ein sicheres Anzeichen für einen zu hohen und zu kurzen Schlag.

Wenn Sie für jeden Schlag eine bestimmte Ballposition festlegen, dann kann das nicht gutgehen, weil Sie eine wichtige Tatsache übersehen: Der Mensch ist dauernden Leistungsschwankungen unterworfen!

Fühlen Sie sich etwa jeden Morgen gleich stark, entspannt und voller Selbstvertrauen? Wenn Sie diese Frage verneinen, wie können Sie dann annehmen, einen Golfschläger stets gleich zu schwingen? Ich weiß nur, daß *ich* es nicht kann.

An einem Tag geht bei mir vielleicht alles etwas langsamer, auch mein Schwung. Dann spiele ich meinen Ball mehr vom linken Fuß, um meinem Körper mehr Zeit zu geben, die Schlagfläche des Schlägers square an den Ball zu bringen. Bin ich dagegen morgens schon richtig aufgekratzt, und ist mein Schwung also entsprechend »munter«, so werde ich den Ball etwas mehr vom rechten Fuß spielen, um im Treffmoment mit dem Körper hinter dem Ball zu bleiben.

Da ich mich nun vor jeder Runde auf dem Übungsplatz gründlich aufwärme, kann ich ziemlich genau feststellen, ob ich an einem Tag zu langsamerem oder schnellerem Schwungtempo neige. Vor der eigentlichen Runde werde ich somit meine Ballposition darauf abstellen.

Wenn Sie in Ihrer golferischen Selbstanalyse noch nicht so weit fortgeschritten sind, können Sie das jeweilige Tempo Ihres Schwunges auch am Flug des Balles ablesen. Fliegen die Bälle in der Mehrzahl nach links, so schwingen Sie im Zweifelsfall zu schnell, drehen sie dagegen nach rechts ab, so ist Ihr Bewegungsablauf eher zu langsam.

Meine Parameter

Natürlich ist auch bei mir die Position des Balles nur innerhalb bestimmter Grenzen veränderbar. Sie sollte im Idealfall so sein, daß ich die langen Schläge vom Boden »wegfege«, die mittleren Eisen klar getroffen wegschlage, dagegen die kurzen Schläge leicht hochschlagen kann. So besteht eine stets wechselnde Relation zwischen der Position des Balles und der Stellung des Spielers beim Ansprechen, wie auch zwischen der Stellung beim Ansprechen und dem Schwung.

Je nach meiner physischen und psychischen Verfassung spiele ich die langen Schläge, Driver bis Eisen 4, von einem Punkt direkt gegenüber der Innenseite meines linken Fußes bis zu einem Punkt etwa fünf Zentimeter weiter nach rechts. Das ermöglicht mir einen flachen Takeaway, ein volles Aufdrehen im Rückschwung, Zurückdrehen im Abschwung und einen vollen Schwung »durch den Ball« hindurch.

Bei den Eisen 5 und 6 (für mich die mittleren Eisen) liegt der Ball zwischen meinem linken Absatz und einem Punkt fünf Zentimeter weiter nach rechts. Die kurzen Eisen 7, 8, 9, Pitching Wedge und Sand Wedge, spiele ich zwischen fünf und fünfzehn Zentimeter rechts vom linken Absatz, also weit genug links für einen weichen Takeaway, ein korrektes Aufdrehen, und weit genug rechts, um steil »in den Ball« hineinschwingen und ihn hart von oben treffen zu können.

Der von mir sehr verehrte britische Lehrer John Jacobs rät, jeden Schläger ohne einen Ball zu schwingen und den Ball dann genau dahin zu legen, wo der Schläger mit seiner Sohle auf den Boden auftrifft. Das erscheint mir sehr sinnvoll, weil man die Position des Balles damit dem eigenen Körperbau, der Haltung, Beweglichkeit wie auch der Schwungbahn und Schwungebene des Schlägers anpassen kann. Alle diese Faktoren können aber von Tag zu Tag wechseln, und dies läßt sich nur vor der Runde auf dem Übungsplatz herausfinden. Dann erst können Sie die optimale Position des Balles für die einzelnen Schläge festlegen.

Die Gefahren eines rein mechanischen Vorgehens

Jetzt muß ich Ihnen etwas gestehen: Wenn Sie mich nach irgendeinem vollen Schlag fragen würden, wie weit der Ball von der Innenseite meines linken Fußes entfernt lag, so könnte ich das nicht beantworten. Langjährige Praxis hat mir ein sicheres Gefühl dafür gegeben, ohne besondere Überlegungen den Ball innerhalb der für mich optimalen Parameter zu spielen. So habe ich fast mein ganzes Leben lang erfolgreich gespielt. Ich sagte »fast«, weil ich 1980 den Versuch machte, das Ansprechen und den Schwung »wissenschaftlich« exakt zu bestimmen, bis ich entdeckte, daß ein solch mechanisches Vorgehen beim Golfsport ein großer Fehler ist.

Als ich in diesem Jahr die Masters gewann, war mein Schwung so harmonisch, daß ich Serienfotos mit einer Hochgeschwindigkeits-Videokamera machen ließ. Ich studierte sie eingehend und machte mir für zukünftige Gelegenheiten seitenlange Notizen. Ich ging so weit, die einzelnen Ballpositionen genau zu markieren; dazu die Weite meines Standes und die Entfernung vom Ball. Heute verwünsche ich diese ganze Episode.

Im Anschluß an meine Rückkehr nach Europa ging es noch für eine Weile gut. Dann aber »brach« mein Spiel plötzlich zusammen. Ich konnte es gar nicht verstehen, weil ich mich genau an die Videoaufzeichnungen aus Augusta gehalten hatte.

»Das muß doch funktionieren«, redete ich mir zu. Je genauer ich mich aber an meine Notizen, an die Ansprech- und Schwungbilder hielt, desto schlechter wurde mein Spiel. Nach einer

Ruhepause zu Hause in Santander erkannte ich dann endlich: »Seve, du Narr, du hast wohl völlig vergessen, daß Schwungtempo, Timing, Flexibilität, Bewegung des Kopfes, Geschwindigkeit der Hände und vor allem deine eigene Gemütsverfassung dauernd Veränderungen unterliegen.«

Es war kaum zu fassen, daß ich so verbohrt gewesen sein konnte, mich stur an diese Aufzeichnungen und Fotos zu halten, obwohl mein Selbstvertrauen und mein Spiel immer weiter nachließen. Im Gegensatz zu meiner eigentlichen Natur hatte ich törichterweise versucht, ein völlig mechanischer Golfer zu werden; sozusagen eine lebende, atmende, gehende, sprechende Variante der berühmten Balltestmaschine »Iron Byron«. Zum Glück war ich am Ende einsichtig genug, die ganzen Unterlagen zu vernichten und mein altes, mehr am Instinkt orientiertes Spiel wiederaufzunehmen.

Diese Lektion war unmißverständlich. Ein Golfer kann niemals ein Roboter sein oder werden, und wenn er den Ablauf seines Schwunges nur als einen mechanisch fixierten Vorgang ansieht, wird er damit scheitern. Ich bin davon überzeugt, daß ein solches Streben einem Golfer mehr schadet als nützt.

Natürlich müssen fundierte Grundregeln beachtet werden; aber innere Einstellung und praktische Ausführung dürfen niemals auf ein festes Schema oder eine starre Vorgabe fixiert werden. Gesunder Menschenverstand und die aus systematischem Üben gewonnene gefühlsmäßige Erfahrung sollen Ihr Spiel jeden Tag neu leiten.

Das Ansprechen des Balles – Schritt für Schritt

1. Schritt: Zielansprache

Nach Analyse der vor mir liegenden Aufgabe und Auswahl des für den betreffenden Schlag geeigneten Schlägers beginne ich meine Routine damit, daß ich mich hinter den Ball stelle, um das Ziel meines Schlages klar zu erkennen. Bei einem Drive oder Schlag vor das Grün ist dies ein kleiner, genau umgrenzter Bereich des Fairways. Bei Annäherungsschlägen vom Fairway und an Par-3-Löchern ziele ich eher direkt an die Fahne als auf den größeren Teil des Grüns, es sei denn, sie ist so gefährlich plaziert, daß ein direktes Anspielen zu riskant wäre.

Da die Haltung des Spielers beim Ansprechen des Balles vornehmlich passiv ist, muß sie sich von der äußerst aktiven Haltung im Treffmoment grundsätzlich unterscheiden. Versuchen Sie also nicht, die eine Haltung als Spiegelbild der anderen zu sehen. Stellen Sie sich vielmehr so an den Ball,

daß Körper und Schläger korrekt ausgerichtet sind, damit Sie den Schlägerkopf »durch den Ball« hindurch und nicht auf ihn schwingen.

Ich spiele meine Schläge im Normalfall als leichten Draw; deshalb muß ich dies bei der Zielansprache und bei meinem Ausrichten natürlich einkalkulieren.

Die genaue Richtung, in die ich die Schlagfläche ausrichte und in die der Ball starten soll, wird durch die Gestaltung des betreffenden Fairways, seine Hindernisse, den Wind, die Position der Fahne und nicht zuletzt dadurch bestimmt, wie sicher ich an dem Tag meinen Draw spielen kann. Ist das Ziel endgültig ausgemacht, denke ich mir eine Art Tunnel vom Ball zu diesem Ziel.

2. Schritt: Generalprobe
Immer noch hinter dem Ball und mit dem Blick auf den »Tunnel«, mache ich zur Entspannung und als letzte Probe für den Einsatz ein paar lockere Schwünge. Dabei schließe ich die Augen, um das Gefühl für die Bewegung wirklich in mir zu spüren.

3. Schritt: Der rechte Fuß
Jetzt gehe ich von der Seite an den Ball heran, die Augen immer noch den »Tunnel« entlang auf das Ziel gerichtet. Dann setze ich den rechten Fuß ziemlich exakt im rechten Winkel zur Linie Ball – Ziel an seinen Platz. Dabei achte ich besonders auf seine Ausrichtung, weil sie einen eher steilen Rückschwung erleichtert, und verhindert, daß ich die Hüften im Rückschwung überdrehe und im Abschwung nach außen wirbeln lasse.

4. Schritt: Ausrichten der Schlagfläche
Als nächstes setze ich den Schlägerkopf hinter den Ball und richte die Schlagfläche genau square auf das von mir gewählte Ziel aus. So kann ich sicher sein, daß Schwung und Schlag den Ball auch wirklich zum Ziel bringen werden. Bin ich jedoch von der korrekten Stellung der Schlagfläche nicht überzeugt, so wiederhole ich die ganze Prozedur noch einmal von Anfang an, und das sollten Sie in einer solchen Situation auch tun. Zu viele Golfer vertrauen darauf, daß der Ball auch bei einer nur flüchtigen Zielansprache schon »irgendwie hinkommen« wird.

5. Schritt: Die endgültige Stellung am Ball
Jetzt bringe ich meinen linken Fuß in Stellung und drehe die Spitze etwa um zwanzig Grad nach außen, während Schultern, Hüften, Knie square, beziehungsweise parallel zur Linie zum Ziel bleiben.

Es gibt nur ungefähre Richtlinien dafür, wie weit Ihre Füße auseinanderstehen sollen: Setzen Sie Ihre Füße etwa der Breite Ihrer Schultern entsprechend, wenn Sie ein Eisen 5 von der Innenseite Ihres linken Absatzes schlagen wollen. Erweitern Sie dann den Stand für längere Schläger und verengen Sie ihn für

Langer Schwung (Frontansicht)

Kurzer Schwung (Frontansicht)

kürzere. Bedenken Sie dabei, daß ein weiter Stand einen weiten Schwungbogen begünstigt, so daß Sie den Schlägerkopf der längeren Clubs in weitem Bogen kraftvoll »durch den Ball« hindurchschwingen können. Aus einem engen Stand werden Sie den Schlägerkopf dagegen steiler hoch- und wieder herunterschwingen, so wie es für die kurzen Eisen erstrebenswert ist.

Bei all dem sind meine Füße immer ein bißchen in Bewegung, solange, bis ich das Gefühl habe, optimal am Ball zu stehen. Die Hände und Arme sollen entspannt sein und der Schlägerkopf bis auf die äußerste Spitze flach am Boden aufliegen.

6. Schritt: Die Körperhaltung

In Golfbüchern oder Zeitschriften wird häufig die Meinung vertreten, daß man beim Ansprechen des Balles die Haltung im Treffmoment wie in einem Spiegel vor sich sehen sollte. Das ist in meinen Augen völliger Unsinn. Wie kann ich mir denn aus der passiven Körperhaltung beim Ansprechen des Balles heraus die äußerst aktive Haltung während des Treffmoments eines vollen Schlages vorstellen?

Was man dagegen anstreben sollte, ist eine gut ausbalancierte Körperhaltung.

Die Knie sind locker, und ich beuge mich bei relativ geradem Rücken aus den Hüften nach vorn, so daß mein Gewicht gleichmäßig auf beiden Füßen zwischen Ballen und Fersen ruht. Dadurch stabilisieren die Füße den Schwung, wie die Grundpfeiler eines ordentlich gebauten Hauses.

Die Haltung soll weder zu angespannt noch zu entspannt sein, und ich möchte das Gefühl haben, aufrecht zu stehen, aber nicht so aufrecht, daß den Beinen jede Spannung genommen ist.

Zum Schluß ist noch einmal eine schnelle Überprüfung aller wichtigen Elemente notwendig – linke Schulter höher als die rechte, Hinterteil herausgestreckt, Kinn hoch –, von denen ich keines überbewerten möchte. Ein Faktor erfordert allerdings besondere Aufmerksamkeit, weil er sich auch beim besten Stand und bester Haltung nicht von selbst ergibt: Die Position der Hände in Relation zum Ball.

Bei Hölzern, langen und mittleren Eisen sind meine Hände normalerweise senkrecht über dem Ball, so daß ich den Schlägerkopf im Takeaway flach auf der vom Ziel über den Ball führenden Linie zurückschwingen kann. Da ich diese Bälle sauber vom Tee oder Boden wegschlagen will, muß der Schlägerkopf in einer

Nachdem ich mich noch einmal voll und ganz auf das Auslösen des Schwunges konzentriert habe, leite ich den Schwung ein, indem ich den Schläger mit der rechten Hand langsam vom Ball wegziehe.

möglichst flachen Ellipse »in den Ball« hineingeschwungen werden.

Für einen mehr U-förmigen Schwungbogen und einen Schlag von oben sind die Hände bei den kurzen Eisen etwas vor dem Ball. Bei allen Schlägen bin ich bemüht, die Handgelenke, besonders das linke, nicht nach oben abzuwinkeln, weil die Hände den Schläger dann nicht in einer fließenden Bewegung »durch den Ball« hindurchschwingen können.

7. Schritt: Letzte Griffkontrolle
Jetzt prüfe ich noch einmal nach, ob die »V's« meiner Hände richtig nach oben zeigen und ob linker Arm und Schlägerschaft eine gerade Linie bilden.

8. Schritt: Kopf zurück
Wenn ich nun richtig am Ball stehe, drehe ich mein Kinn etwas nach rechts, so daß es auf einen Punkt etwa drei bis fünf Zentimeter hinter dem Ball zeigt. Dadurch dreht sich mein Kopf zwangsläufig ebenfalls nach rechts. Das hat einen doppelten Sinn. Es erleichtert den Einsatz der rechten Seite und das so wichtige Aufdrehen der rechten Hüfte. Außerdem hilft es mir, meinen Oberkörper bis zum letzten Augenblick vor dem Treffmoment hinter dem Ball zu halten, was für einen kraftvollen Schlag unverzichtbar ist. Spiele ich den Ball vom linken Absatz, so müßte eine gedachte vertikale Linie von der Rückseite des Balles durch meine linke Schulter führen. Sie würde bei kurzen Eisenschlägen, etwa aus der Mitte des Standes geschlagen, durch mein linkes Ohr verlaufen. Das Kinn ist so weit vor meiner Brust, daß die linke Schulter sich im Rückschwung ungehindert unter ihm hindurchdrehen und die rechte Schulter im Abschwung das gleiche tun kann.

9. Schritt: Letzte Kontrolle
Bin ich schließlich mit allem zufrieden und bereit zum Schlag, so schaue ich noch ein letztes Mal vom Ball zum Ziel den »Tunnel« entlang, um mir den Verlauf des Schlages noch einmal vor Augen zu führen. Dann denke ich nur noch daran, wie ich durch ein leichtes Ziehen mit der rechten Hand den Schwung auslöse.

10. Schritt: Finale
Ich »ziehe am Abzug«.

Kapitel 5

Der Schlag

Ich habe nun alles angesprochen, was für die korrekte Stellung beim Ansprechen des Balles zu beachten ist. Aber das ist nur die Grundlage und leider noch keine Garantie für einen perfekten Schwung. Der gute Schlag hängt von der Fähigkeit des Spielers ab, seinen Schläger permanent korrekt zu schwingen. Er muß ihn im richtigen Tempo vom Ball weg nach oben und nach einem fließenden Übergang wieder nach unten schwingen. Das alles sollte immer in vollem Vertrauen auf die korrekte Ausführung aller Bewegungen erfolgen. In diesem Kapitel will ich Ihnen zeigen, wie Sie Ihren Schläger auf die natürlichste und wirkungsvollste Weise schwingen und den Ball schlagen können. Ich werde Ihnen alle bewußten und unbewußten Stadien meines eigenen vollen Schwunges vor Augen führen, zuerst mit Driver, Fairwayhölzern, langen und mittleren Eisen und dann mit den kurzen Eisen. Vorher aber müssen Sie eine genaue Vorstellung von den beiden Elementen haben, die für den Ablauf eines jeden Schwunges entscheidend sind: die äußere Gestaltung, das heißt Schwungbahn, Schwungebene, und der mechanische Ablauf, ausgedrückt durch das Schwungtempo.

Die korrekte Schwungebene

Am besten stellen Sie sich vor, Sie würden beim Ansprechen des Balles Ihren Kopf durch ein Loch in einer großen Glasscheibe stecken, die am Boden genau hinter dem Ball aufliegt. Etwa auf der Ebene dieser Glasscheibe sollte Ihr Schwung verlaufen, vielleicht etwas unterhalb, aber keinesfalls darüber. Diese Eselsbrücke stammt von Ben Hogan, und ich wüßte keine bessere.

Der Neigungswinkel dieser Ebene wird durch die Geometrie des hinter dem Ball aufgesetzten Schlägers und von Ihrem Körperbau bestimmt. Je kürzer der Schläger ist und je steiler er demzufolge steht, desto aufrechter wird auch die Schwungebene sein. Je länger der Schläger ist und je flacher er steht, desto flacher wird auch die Schwungebene sein. Ihre Größe und Ihr Körperbau sind ausschlaggebend dafür, wie Sie am Ball stehen. Je kleiner und kompakter Sie in Ihrer Statur sind, desto weiter werden Sie vom Ball weg stehen und desto flacher wird die Schwungebene Ihres Schlägers sein. Sind Sie dagegen groß und gelenkig, so werden Sie näher am Ball stehen und den Schläger in einer steileren Ebene schwingen. Sie sollten also eine Schwungebene finden, die zu Ihnen paßt, dabei aber bemüht sein, sich so eng wie möglich an die folgenden Richtlinien zu halten.

Wenn Sie Ihren Schwung stark abflachen, so daß Arme und Schläger unterhalb ihrer natürlichen Ebene schwingen, so wird es Sie große Anstrengungen kosten, die Schlagfläche im Treffmoment square an den Ball zu bringen. Selbst die besten flachschwingenden Golfer, die ich kenne, und damit meine ich Pros mit einem flexiblen Körper sowie der Zeit und Energie, ungezählte Übungsbälle zu schlagen, erleben lang anhaltende Formtiefs, in denen ihre Bälle in alle Himmelsrichtungen fliegen. Das kommt daher, daß ihre Arme fast in der gleichen rotierenden Art und Ebene schwingen, wie ihre Schultern sich drehen, also weit innerhalb der Linie zum Ziel. Das sieht dann beinahe so aus, als ob die Hüften dieses Spielers in einer riesigen Teetasse rotieren würden. Aus einer derartig verdrehten Stellung heraus ist es natürlich sehr schwer, die Hüften im Ab- und Durchschwung wieder zurückzudrehen und die Arme so zu schwingen, daß sie die Schlagfläche im Treffmoment square an den Ball bringen.

Deshalb rate ich allen Golfern, die Arme im Rückschwung eher nach oben, als um den Körper herumzuschwingen, während die Schultern sich auf einer etwas flacheren Ebene drehen. (Vergleichen Sie hierzu die Ebenen meines Armschwunges und meiner Schulterdrehung auf den in diesem Buch abgebildeten Serienfotos meines Drives.) Verwechseln Sie aber bitte nicht einen aufrechten Schwungbogen mit einem steilen Hochschwingen der Arme, bei dem Sie den Schläger eher hochheben, so daß der Schläger im Abschwung kraftlos nach unten fällt.

Das richtige Tempo

In der Musik bedeutet dieses Wort »die relative Geschwindigkeit einer Bewegung«. Das gilt ebenso für mein Golfspiel, weil auch hier die einzelnen Abschnitte des Schwunges zeitlich richtig aufeinanderfolgen und harmonisch ineinander übergehen müssen. »Timing« ist ein anderes Wort für diesen im Golf so wichtigen Begriff. Eine zu hohe oder zu geringe Geschwindigkeit kann den harmonischen Ablauf, das Timing des ganzen Schlages empfindlich stören.

Jeder Golfer muß das für ihn optimale Schwungtempo selbst herausfinden: die maximale Geschwindigkeit bei absoluter Kontrolle über Körper und Schläger. Einige Spitzenspieler wie Greg Norman, Bernhard Langer, Lanny Wadkins und Tom Watson schwingen ausgesprochen schnell, während andere, allen voran Lee Trevino, im Vergleich dazu viel langsamer schwingen. Jeder von ihnen aber schwingt in seinem Idealtempo, mit dem er immer wieder die Rückseite des Balles mit der Mitte der square zum Ziel ausgerichteten Schlagfläche in hoher Geschwindigkeit treffen kann.

Schlechtes Timing verdirbt also den Schwung in allen seinen einzelnen Elementen. Häufige Gründe für schlechtes Timing sind ein falscher Stand während des höchsten Punkts des Rückschwungs, zu schneller oder zu langsamer Abschwung, zu starker oder zu schwacher Einsatz der Hände und anderes mehr. Sobald Sie also das Gefühl haben, nicht mehr im richtigen Timing zu schwingen, überprüfen Sie bitte den routinemäßigen Ablauf Ihrer Schwungvorbereitungen in allen Einzelheiten. Experimentieren Sie so lange mit dem Tempo der einzelnen Schwungelemente, bis Sie das ideale Timing für den ganzen Schwung gefunden haben, bei dem Sie stets Körper und Schläger voll unter Kontrolle haben. Vermeiden Sie Verkrampfungen, und schwingen Sie immer schneller, bis Sie den Ball nicht mehr gut treffen oder ihn »in alle Winde« schlagen. Dann reduzieren Sie das Tempo, bis Sie Ihre Bälle wieder sicher und trotzdem kraftvoll treffen. Dieses Schwungtempo wird Ihnen dann nach systematischem Üben zur zweiten Natur werden.

Der Schwung mit den langen Schlägern: Der Takeaway

Der Schwung beginnt mit der ersten Bewegung. Das mag lächerlich klingen, aber es ist eine Tatsache, die allzuviele Spieler mit höherem Handicap immer wieder vergessen. Der korrekte Einsatz ist nun mal für den ganzen Bewegungsablauf von entscheidender Bedeutung.

Wollen Sie Ihre vollen Schläge mit dem von mir empfohlenen aufrechten Schwung »sauber spielen«, so muß der Schwungbogen des Schlägerkopfes so weit wie möglich sein. Das bedingt, daß Arme und Schläger im ersten Stadium des Rückschwunges, dem Takeaway, weit gestreckt werden. Der Takeaway entscheidet über Form und Ablauf des ganzen Schwunges. Deswegen verlasse ich mich dabei auf meine natürliche Führungshand, die rechte, um den Schlägerkopf vom Ball wegzuziehen, während das beim Ansprechen aus Schultern und Armen gebildete Dreieck weiter bestehen bleibt. Mein von der rechten Hand geführter Takeaway ist ungewöhnlich, wenn nicht sogar einmalig, was mich eigentlich erstaunt. Es fällt mir so leicht, den Schläger mit meiner rechten Hand flach am Boden entlang vom Ball wegzuziehen. Und die Tempobestimmung sowie die ganze Kontrolle des Takeaway erscheinen mir mit der rechten Hand auch viel einfacher als mit der linken. Schließlich wollen wir nicht vergessen, daß ein leichtes, weiches Einsetzen des Rückschwunges eine wichtige Voraussetzung dafür ist, die Geschwindigkeit des ganzen Ablaufes bis zum Treffmoment kontinuierlich und kontrolliert zu steigern. Die Führungsrolle meiner rechten Hand ist aber nicht das einzige ungewöhnliche Merkmal meines Takeaway. Anstatt die Rückseite der linken Hand so lange wie möglich zum Ziel zeigen zu lassen, wie die meisten Pros es tun, drehe ich meine linke Hand im Takeaway langsam im Uhrzeigersinn. Sind die Hände am rechten Bein vorbeigeschwungen, stehen Rückseite der linken und Innenfläche der rechten Hand parallel zur Linie zum Ziel, also genau in der Position, wie man sie bei allen guten Spielern am Ende des Rückschwunges erkennen kann. Diese besondere Komponente meines Takeaway trägt sicherlich dazu bei, daß Hände und Schläger während des höchsten Punkts des Rückschwungs immer wieder richtig stehen und daß mein Schwung stets wiederholbar ist. Das aber ist, wie wir alle wissen, eine der wichtigsten Voraussetzungen für gutes Golfspiel. Natürlich will ich keinesfalls die Erfolge so großartiger Spieler wie Greg Norman anzweifeln, der den Rücken seiner linken Hand im Takeaway länger square zum Ziel ausgerichtet läßt. Ich finde nur, daß es anstrengend ist, viel Übung und Konzentration erfordert, und schon allein deshalb würde ich Ihnen meine Methode empfehlen. Wenn nämlich der Wochenendgolfer diesen »Ultra-square-Takeaway« versucht, macht er mit ziemlicher Sicherheit zumindest einen von drei möglichen Fehlern, die aus

Beim langsamen Zurückschwingen des Schlägerkopfes (flach am Boden und vornehmlich mit der rechten Hand) dreht sich meine linke Hand im Uhrzeigersinn bis sie – wenn der Schlägerkopf in Hüfthöhe ist – mit dem Rücken auf die Linie zum Ziel zeigt. Das ist in meinen Augen eine wichtige Voraussetzung für die korrekte Haltung des Schlägers am höchsten Punkt des Rückschwungs, und als Reaktion darauf auch im Treffmoment.

dem Schlag einen Slice werden lassen. So wird er als erstes seine Handgelenke nicht rechtzeitig und natürlich abwinkeln, sie vielmehr unnatürlich versteifen und damit letztendlich den Einsatz der Hände im Treffmoment gefährden, weil der Schlägerkopf eher schwach und mit aufgedrehter Schlagfläche auf den Ball auftreffen wird.

Oder aber er verdreht die linke Hand so stark im Gegenuhrzeigersinn, daß er die Schlagfläche aus einer geschlossenen in eine offene Stellung schwingt. Als drittes senkt sich seine linke Schulter so stark, daß Körperdrehung und Gewichtsverlagerung so durcheinandergeraten, daß es im Aufschwung nach links und im Abschwung nach rechts geht. Das wird dann ein kraftloser Aufwärtsschlag mit aufgedrehter Schlagfläche, und außerdem kommt der Spieler dabei auch noch aus dem Gleichgewicht.

Wie unterschiedlich aber die Spitzenspieler ihren Schwung auch immer einleiten mögen, eines haben sie gemeinsam: die Bewegung erfolgt ausgesprochen bedächtig. Je weniger Sie nämlich die Bewegung am Anfang überhasten, desto besser werden sich das Auf- und Zurückdrehen des Körpers mit dem Schwung der Arme, Handgelenke und Hände zu einem harmonischen Bewegungsablauf vereinen. Wie mein Freund und Lehrer, John Jacobs, mir schon vor einigen Jahren sagte: »Das, Seve, ist entscheidend für ein perfektes Timing und dafür, daß die Schlagfläche square ausgerichtet und mit voller Kraft den Ball trifft.«

Im ersten Stadium des Schwunges, wenn ich den Schläger langsam und vornehmlich mit der rechten Hand zurückziehe, achte ich besonders darauf, mit Beinen und Hüften nicht seitwärts zu schwanken oder irgendein Körperteil hastig nach rechts zu verdrehen. Ein Schwanken würde einen zu steilen Rückschwung ergeben, so daß ich mit aufgedrehter Schlagfläche von oben »in den Ball« hineinschlagen würde. Ein hastiges Verdrehen führt zu einem besonders flachen Rückschwung, aus dem heraus die Schlagfläche im Abschwung dann höchstwahrscheinlich geschlossen an den Ball kommt, der daraufhin nach links verzogen wird.

Der untere Teil meines Körpers bewegt sich im Takeaway nur wenig bis zu dem Moment, in dem meine linke Hüfte sich etwas senkt, während sich die Wirbelsäule leicht nach rechts biegt, und der Oberkörper sich ganz gering nach links neigt. Bei diesem Bewegungsablauf kann ich meinen Körper richtig aufdrehen und den Schläger mit den Armen in dem von mir bevorzugten, relativ aufrechten Schwungbogen hochschwingen.

Die kleine Übung vor einer Wand wird Sie davon überzeugen, daß der Schlägerkopf nicht so sehr durch die Hände, sondern durch die Drehung der Schultern fast vom ersten Augenblick des Rückschwunges an automatisch auf seiner Bahn innerhalb der Linie zum Ziel hochgeführt wird.

Wer seine Schultern und/oder Hüften im Takeaway zu früh dreht und den Schläger dadurch hinter sich zieht, will den Rückschwung dadurch mit aller Gewalt innerhalb der Linie zum Ziel halten. Er erliegt dabei dem Irrtum, aus diesem Rückschwung heraus den Schlägerkopf automatisch wieder von innen »in den Ball« hineinschwingen zu können. Ich denke nicht einmal daran, den Schläger bewußt nach innen zu schwingen, denn wenn die Schultern sich in einer etwas flacheren Ebene drehen als die Arme, so können diese nur nach innen schwingen. Dabei bleibt das Schlägerblatt im rechten Winkel zum Schwungbogen, obwohl es so aussieht, als würde es sich im Verhältnis zur Linie zum Ziel aufdrehen. Sie können sich davon sehr leicht überzeugen, indem Sie sich im rechten Winkel vor eine Wand stellen, so daß der Schlägerkopf genau am Fuß der Wand auf dem Boden aufliegt. Wenn Sie den Schläger dann im Takeaway die ersten zehn Zentimeter gerade zurückziehen und dann die Schultern aufdrehen, ohne die unteren Körperpartien oder den Schläger in den Händen zu verdrehen, werden Sie erkennen, daß der Schlägerkopf zwangsläufig nur von der Wand wegschwingen kann, also innerhalb der Linie zum Ziel.

Während Schultern und Oberkörper sich jetzt allmählich voll aufdrehen, bleiben die unteren Körperpartien in einem Zustand, den ich als angenehm angespannt bezeichnen möchte. So kann sich der Oberkörper gegen den leicht angespannten unteren Körperteil aufdrehen, linker Arm und Schlägerschaft können sich als eine Einheit strecken, und es ergibt sich ein weiter, kraftvoller Schwungbogen. So baut man auch in den für einen kräftigen Schwung wichtigen Rückenmuskeln ein starkes Drehmoment auf, wie Untersuchungen des Centinela Hospitals in Los Angeles an PGA-Tour-Spielern ergeben haben.

Zum höchsten Punkt des Rückschwunges.

In meiner Vorstellung liegen das Ende des Takeaway und der Beginn des Rückschwungs etwa dort, wo der Schlägerschaft parallel zum Boden steht, ziemlich genau zwischen der Höhe meiner Knie und der meiner Hüften. Von diesem Augenblick an habe ich beim langen, vollen Schwung nicht mehr das Gefühl, den Schläger bewußt zurückzuziehen, sondern meine vielmehr, daß er nun durch die Schulterdrehung und den Schwung der Arme auf der korrekten Bahn nach innen und oben geführt wird. Jetzt fühle ich auch zum ersten Mal das Abwinkeln meines

Wenn der Schlägerschaft im Rückschwung eine Parallelstellung zur Linie zum Ziel erreicht hat, setzt der Schwung nach oben ein, bei mir geleitet vom rechten Arm und der rechten Hüfte.

rechten Handgelenkes, wenn auch die aus zwei Blickwinkeln aufgenommenen Serienfotos zeigen, daß dies an sich schon sehr viel früher im Takeaway einsetzt.

Dann beginnt auch die rechte Hüfte, sich im Uhrzeigersinn zu drehen, so daß die Arme ungehindert nach innen und oben schwingen können. Dieses harmonische, und nicht ruckartige Aufdrehen der Hüfte läßt das rechte Bein so fest bleiben, daß es dem Druck des nach rechts verlagerten Gewichts standhält, während linkes Bein und linkes Knie durch das Aufdrehen und Strecken des Oberkörpers leicht nach innen gezogen werden. Das feste rechte Bein ist die Wand, gegen die ich mich im weiteren Verlauf des Rückschwungs aufdrehe. Damit erleichtere ich mir die Kontrolle über meinen Schläger und kann das Drehmoment aufbauen, das dann im Abschwung in Schlägerkopfgeschwindigkeit umgesetzt wird. Dabei merke ich, daß mein linker Absatz sich vom Boden abheben möchte. Ich lasse ihn aber am Boden, weil ich flexibel genug bin, um mich auch ohne hochkommenden linken Absatz voll aufzudrehen. Andere Spieler, vor allem Senioren, die nicht mehr so flexibel sind, sollten ihren linken Absatz im Rückschwung aber ruhig vom Boden heben. Man hat gelegentlich kritisiert, daß mein Oberkörper im weiteren Verlauf des Rückschwungs vom Ziel weg nach rechts schwankt. Das stimmt aber nicht. Ich bewege nur meinen Kopf mehr als die meisten Tour-Professionals. Und wie alles andere bei meinem Schwung, hat auch das seinen guten Grund.

Wenn meine Hände etwa in Brusthöhe sind, dreht sich mein Kopf ziemlich stark vom Ziel weg nach rechts, um es meinem Oberkörper zu erleichtern, sich so weit wie nur irgend möglich aufzudrehen. Dabei ist aber nicht zu vergessen, daß mein rechtes Bein unverändert fest stehen bleibt, so daß mein Körper gar nicht schwanken kann. Was ich tue, und was die Kritiker sehen, ist ein seitliches Verschieben des Kopfes um ein paar Zentimeter, um dem Oberkörper das Aufdrehen zu erleichtern.

Ich erleichtere mir dadurch aber nicht nur das Aufdrehen des Oberkörpers und den Schwung der Arme für den weiten Schwungbogen, ich reduziere durch diese leichte Freigabe des Kopfes auch die Anspannung in meinem Oberkörper und damit die Gefahr eines Golfer-Rückens, unter dem viele Spieler leiden, die ihren Kopf im Rückschwung unbedingt starr halten wollen.

Ein anderes, der allgemeinen Lehrmeinung widersprechendes Element meines Schwungs ist das leichte Beugen, nicht Abknik-

Das feststehende rechte Bein fungiert als eine Art »Anker«, gegen den ich meinen Körper im Rückschwung voll aufdrehen kann.

ken, meines linken Armes im letzten Teil des Rückschwunges. Amateure, denen der gestreckte linke Arm als eiserne Regel eingehämmert worden ist, mögen über mein Vorhaben überrascht sein. Dann sollten sie sich aber mal Calvin Peete anschauen, einen der präzisesten Spieler der Tour in den letzten Jahren, dessen linker Arm aufgrund eines Unfalles als Kind stark abgebogen ist. Wenn man seine Erfolge sieht, kann man den gerade gestreckten linken Arm eigentlich nicht mehr für so wichtig halten.

Dieses leichte Abbiegen geschieht bei mir völlig unbewußt, als Folge der starken Zugkraft des Schlägerkopfes. Ich lasse meine Arme eben frei schwingen, nicht steif wie ein Roboter, und kann Ihnen das auch nur wärmstens empfehlen. Je freier nämlich Ihr Armschwung ist, desto größer ist die Chance, den Schlägerkopf im Treffmoment kraftvoll und präzise »durch den Ball« hindurchzuschwingen. Lassen Sie also Ihrem linken Arm diese kleine Freiheit. Ihr Schwung kann dadurch nur weicher und fließender werden.

Am höchsten Punkt des Rückschwunges

Am höchsten Punkt des Rückschwunges sollten meine Hände hinter und über meinem Kopf sein, der Schlägerschaft parallel zur Linie zum Ziel, meine Schultern um hundertzwanzig Grad und meine Hüften um sechzig Grad aufgedreht und mein Gewicht etwa zu sechzig Prozent auf der rechten Seite sein. In diesem Stadium des Schwungs spüre ich deutlich, daß sich mein Rücken zum Ziel gedreht hat und daß er hinter dem Ball ist. Der untere Teil meines Körpers kommt mir dann vor, wie der Unterbau einer Wurfmaschine, während der Oberkörper die Spannvorrichtung darstellt, alles bis zum äußeren gestreckt und bereit zum kraftvollen Einsatz der aufgestauten Energie. Obwohl ich mich vielleicht weiter aufdrehe und ein stärkeres Drehmoment entwickele als viele meiner Tour-Kollegen, verlagere ich mein Gewicht im Rückschwung weniger nach rechts als sie es tun. Ich will mir damit den reflexartigen Einsatz des Abschwunges erleichtern, also einen automatischen und nur unbewußt gelenkten Bewegungsablauf nach unten und »durch den Ball« hindurch. Dadurch daß ich etwa vierzig Prozent meines Gewichts auf der linken Seite lasse, können die unteren Körperteile sich bereits wieder dem Ziel zuwenden, während der Aufschwung kurz vor seinem Ende steht. Das ermöglicht einen weichen Übergang von

Im letzten Stadium des Rückschwungs biegt sich mein linker Arm ganz natürlich und leicht ab. Das verhindert jegliche Verspannung und gibt mir das Gefühl, den Rückschwung auch wirklich zu vollenden.

Auf- zu Abschwung. Der Aufschwung ist für mich das langsame Sammeln aller Kräfte, und der Abschwung ist die Freigabe aller Kräfte im Zurückdrehen und im Schlag.

Deshalb finde ich auch, daß die Pros mit der so häufig empfohlenen Eselsbrücke – beim Aufschwung *eins* und beim Abschwung *zwei* zu zählen – ihren Schülern keinen guten Rat geben. Die bewußte Teilung des Schwungablaufes in zwei Hälften wird den Spieler dazu veranlassen, am Ende des Rückschwunges eine kurze Pause zu machen und dann den Abschwung besonders einzuleiten. Der fließende Schwungablauf als fortgesetzte Kettenreaktion wird dadurch gestört, was wiederum schnell dazu führt, daß die Schlagfläche im Treffmoment falsch ausgerichtet ist und der Schlägerkopf an Geschwindigkeit verliert.

Ein bewußtes Anhalten am Ende des Rückschwunges würde außerdem den Zeitplan meines Schwunges durcheinanderbringen, und aus Angst, diesen nicht einhalten zu können, würde ich den Schläger zu rasch in den Abschwung werfen, die Handgelenke zu früh strecken, und die rechte Schulter nach außen schieben. Dann können die Arme den Schlägerkopf nicht mit hoher Geschwindigkeit square »in den Ball« hineinschwingen. Ein bewußtes Anhalten am Ende des Rückschwunges kann also, meiner Überzeugung nach, nichts Gutes bringen.

Der Abschwung

Unbewußt, für den Bruchteil einer Sekunde, wird der Bewegungsablauf beim Wechsel von Auf- zu Abschwung sowieso unterbrochen. Andererseits ist der Übergang aber auch fließend, weil ja bereits vor der Beendigung des Aufdrehens der Schultern die untere Körperhälfte anfängt, den Spieler nach links in den Abschwung zu ziehen. Sobald ich diesen Zug fühle, wirft sich meine rechte Seite instinktiv in den Schlag, die rechte Hüfte dreht sich gegen den Uhrzeigersinn zurück, das rechte Knie wird nach innen gedrückt und die Innenseite des rechten Fußes nach unten und innen gezogen – der Anfang einer Kettenreaktion »durch den Ball« hindurch bis zum Ende des Durchschwunges, die ohne mein Zutun abläuft. Das Ganze kann nur unbewußt geschehen, weil die Zeitspanne vom Beginn des Abschwungs bis zum Treffen des Balles bei mir nur eine Fünftelsekunde beträgt. Habe ich mich voll aufgedreht und den Schläger auf der korrekten Bahn zurückgeschwungen, so wird der Schlag gelingen.

Hier sehen Sie, wie rechte Hüfte und rechtes Knie im Abschwung voll zum Einsatz kommen und damit auf den Zug der unteren Körperhälfte in Richtung auf das Ziel reagieren.

Die Darstellung des Abschwungs zeigt, wie die rechte Seite in Aktion tritt, das rechte Knie nach innen drückt, und das Gewicht sich von der Innenseite des rechten Fußes nach links und unten verlagert. Dabei wird der Schläger mit voller Kraft »in den Ball« hineingeschwungen, wie bei einem Katapult, das einen Felsbrocken durch die Luft schleudert.

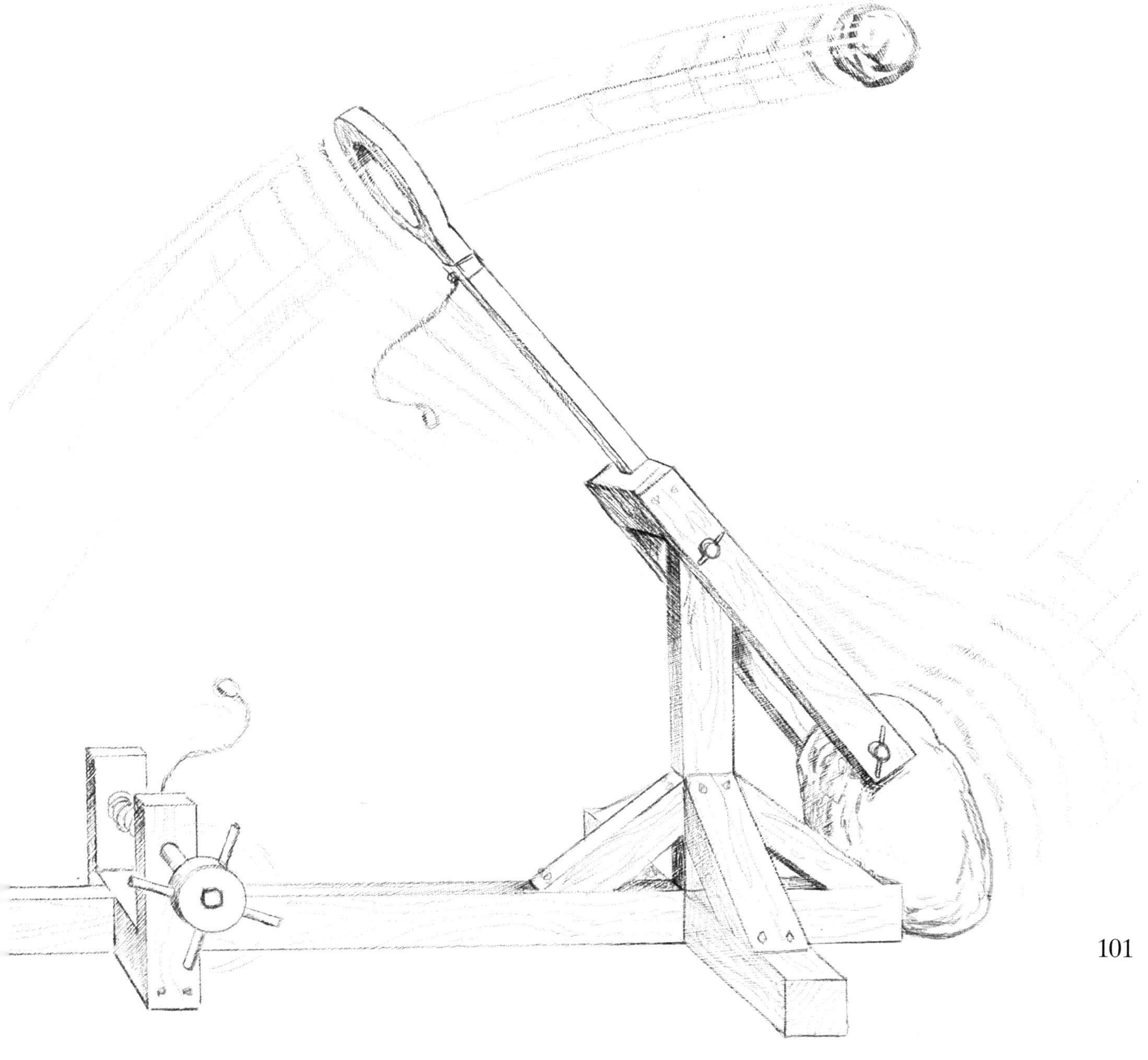

Spüre ich jedoch am Ende des Rückschwunges, daß irgend etwas nicht stimmt, so ist eine Korrektur während des Abschwungs so gut wie ausgeschlossen. Deshalb sind eben das korrekte Ansprechen des Balles und der ebenfalls korrekte Rückschwung für jeden Golfer von so ausschlaggebender Bedeutung. Fühle ich in dem Moment, wo sich meine rechte Seite in den Schlag wirft, eine bestimmte Bewegungskomponente, so kann es sich dabei nur um einen Schwungfehler handeln. Einen solchen Fehler – die rechte Schulter nach außen zu werfen – machte ich 1986 bei den Masters in der Schlußrunde am fünfzehnten Loch, einem Par-5, als ich den Ball in das Wasser vor dem Grün schlug und dadurch die Meisterschaft verlor.

Wenn Sie nun auch die einzelnen Elemente des Abschwunges weder erfassen noch kontrollieren können, so wird eine bildhafte Darstellung doch zum besseren Verständnis beitragen. Ich werde Ihnen meinen Abschwung also Schritt für Schritt erläutern, so wie die Kamera ihn festgehalten hat, von dem Augenblick an, in dem die rechte Seite einsetzt:

1. Mein linkes Knie verschiebt sich langsam in Richtung Ziel.
2. Meine Hände und Arme fallen frei bis in Hüfthöhe, die Ausgangsposition für das eigentliche Zuschlagen. Gleichzeitig fällt der Schläger in eine etwas flachere oder tiefere Ebene als jene, in der er sich am höchsten Punkt des Rückschwunges befand.
3. Die linke Hüfte beginnt sich gegen den Uhrzeigersinn zu drehen und damit den Weg frei zu machen.
4. Während das Gewicht sich auf die Innenseite des linken Fußes verlagert, hebt sich der rechte Absatz etwas vom Boden.
5. Die linke Schulter geht nach oben, die rechte nach unten.
6. Die linke Hüfte dreht sich weiter nach links und gibt damit den Händen und Armen den Weg frei, um den Schläger leicht und schnell von innen »in den Ball« hineinzuschwingen.
7. Hüften und Beine verstärken ihren Druck, der rechte Absatz hebt sich weiter vom Boden ab, und das Gewicht verlagert sich auf die Außenseite des linken Fußes.
8. Während die Hände bis in Hüfthöhe heruntergezogen werden, bleiben rechte Hand und rechter Arm etwas hinter der linken Seite zurück, um erst im letzten Moment mit aller Kraft in den Schlag einzugreifen.
9. Der linke Arm schwingt frei vom Körper weg, während der

Je kraftvoller meine rechte Seite auf den Schlag einwirkt, desto schneller und wirkungsvoller trifft der Schlägerkopf auf den Ball.

rechte Arm sich nach links verschiebt, als ob ich einen flachen Stein auf das Wasser würfe, und zwar auf der gleichen, etwas flacheren Ebene wie der Schläger zu Beginn des Abschwunges.
10. Bei zunehmender Geschwindigkeit der Hände und Arme wird die Zentrifugalkraft so stark, daß die Handgelenke sich sehr schnell strecken.
11. Während die linke Hand sich dreht und square zum Ziel ausrichtet, folgt ihr die Schlagfläche.
12. Das linke Bein übernimmt fast das ganze Körpergewicht und dient gleichzeitig als Mauer, gegen die ich schlagen kann.
13. Während die rechte Seite voll in den Schlag kommt, hebt sich der rechte Fuß auf den Fußballen.
14. Mein Kopf bleibt hinter dem Ball, so wie der Oberkörper dem Zug der unteren Körperhälfte Widerstand leistet. (Das ist der natürliche Grund für das sogenannte »späte Treffen«, das in Wirklichkeit gar nicht »spät« ist, sondern genau der richtige Zeitpunkt, um die Schlagfläche square und kraftvoll in den Ball hineinzuschwingen.)
15. Im Treffmoment sind meine Schultern wieder square ausgerichtet, parallel zur Linie zum Ziel, linker Arm und Schlägerschaft bilden eine Linie, und der Rücken der linken Hand sowie die Fläche der rechten sind square zum Ziel ausgerichtet.

Das kritischste Glied in der Kette dieses Bewegungsablaufs ist das Verhältnis zwischen meinen Armen und Schultern. Der volle Einsatz von rechter Hüfte und rechtem Knie zwingt meinen Kopf etwas nach unten und vom Ziel weg. Durch diese kleine Bewegung mache ich es meinem Oberkörper, speziell den Schultern, leichter, dem Zug der unteren Körperhälfte so lange zu widerstehen bis die Arme frei nach unten gefallen sind. So kontrollieren die Arme also die Schultern und nicht umgekehrt.

In diesem Augenblick beginnt der rechte Arm, an meinem Körper vorbei und von ihm weg zu schwingen, und er streckt sich aufgrund der starken, auf ihn einwirkenden Zentrifugalkraft. Je näher der Schläger an den Ball kommt, desto mehr wird die aufgestaute Kraft durch den Arm und die Hand auf den Schlägerkopf übertragen, der schließlich mit einer Geschwindigkeit von etwa 190 km/h »in den Ball« hineingeschwungen wird. Sind Schwungbahn und Schwungebene korrekt, so werde ich den Ball auch einwandfrei square treffen.

Ich habe mehr Stunden über den Abschwung nachgedacht als über irgendeine andere Phase des Schwunges, auch entsprechend experimentiert. Wenn es überhaupt einen Weg gäbe, jedes einzelne Bewegungssegment bewußt korrekt auszuführen und den Schlägerkopf bewußt »in den Ball« hineinzuschwingen, hätte ich ihn gefunden. Statt dessen wurde meine Überzeugung bestätigt, daß es unmöglich ist, den Abschwung so bewußt zu kontrollieren, als ob man einzelne Punkte miteinander verbinden würde.

Ich finde es daher immer wieder frustierend, wenn ich sehe, wie Amateure sich bemühen, ihren Abschwung zu steuern. Dabei setzen sie dann die linke Seite zu früh und unnatürlich stark ein. Der »Prügler« (»lunger«) wird in dem Bemühen, das Gewicht mit Gewalt auf die linke Seite zu bringen, das linke Bein vehement zum Ziel drehen. Der »Dreher« (»spinner«) wird versuchen, die linke Hüfte so schnell wie möglich aus dem Weg zu bringen, und er wird das gleich zu Beginn des Abschwunges so abrupt tun, daß er seinen ganzen Körper dabei herumwirbelt und völlig aus dem Gleichgewicht kommt. Der »Reißer« (»puller«), den man am häufigsten antrifft, reißt den Schläger mit der linken Hand von oben herunter.

Ich möchte mich damit in keiner Weise über Spieler mit hohem Handicap lustig machen. Ich möchte nur ausdrücklich darauf hinweisen, wie sehr dieses falsche linksseitige Einsetzen des Abschwunges den natürlichen Ablauf und das Timing des Abschwunges durcheinanderbringt und es Ihnen unmöglich macht, die Schlagfläche permanent, mit hoher Geschwindigkeit und square ausgerichtet »in den Ball« hineinzuschwingen.

Für einen in jeder Beziehung korrekten Abschwung gibt es für mich nur einen Leitgedanken: *Vertrauen* – darauf, daß das richtige Auftreffen des Schlägerkopfes auf den Ball den reflexartigen Höhepunkt all dessen darstellt, was ich vor dem Beginn des Abschwunges richtig machte. Mein Abschwung funktioniert etwa so wie ein automatisches Klavier. Ist es einmal eingestellt, so spielt es automatisch das vorprogrammierte Stück. Wenn meine untere Körperhälfte mich in Richtung Ziel zieht und die rechte Seite in den Schlag kommt, dann schwinge ich ebenso automatisch (und hoffentlich melodisch) durch all die einzelnen Stationen des Abschwunges, ohne auf eine einzige Taste zu drücken.

Ich vertraue also fest darauf, daß Ball und Schlagfläche im Sweetspot zusammentreffen, während ich den Schlägerkopf automatisch »durch den Ball« hindurchschwinge. Das Ganze geschieht fast wie in Trance. Auf Fotos erkennt man, daß meine

Augen auf den Ball gerichtet sind. Aber das geschieht unbewußt, wie ich auch das Treffen des Balles nur im Unterbewußtsein registriere. Wenn bei mir alles hundertprozentig läuft, dann sehe ich zwar den Schlag in Gedanken klar vor mir, schließe aber im Treffmoment die Augen und öffne sie erst wieder im Durchschwung, wenn ich den Flug des Balles verfolge.

Das mag alle diejenigen verwundern, die davon überzeugt sind, daß man unbedingt auf den Ball sehen muß. Dann frage ich mich aber, wie zum Beispiel Pat Browne (1988 ausgezeichnet mit dem von der »Golf Writers Association« verliehenen »Ben Hogan Award« für Golfspieler, die trotz eines physischen Leidens das Spiel nicht aufgaben), neunmaliger Sieger der »National Blind Golfer's Championship« lange Drives schlagen und einen 18-Löcher-Platz mit weniger als achtzig Schlägen spielen kann. Zweifellos durch korrektes Ansprechen, einen korrekten Rückschwung, und danach: volles Vertrauen auf den Abschwung.

Golfspieler, die ihren Abschwung bewußt steuern wollen und demzufolge *nach* dem Ball schlagen statt »durch ihn hindurch« zu schwingen, müssen wohl auf den Ball »starren«. Dies sollte aber nicht Ihr Vorbild sein. Die Entwicklung eines korrekten Schwungablaufes ist sicher nicht einfach, aber es lohnt sich, gleichgültig, ob Sie hinterher einen Silberteller oder einen Scheck erhalten.

Der Durchschwung

So wie der Verlauf des Abschwungs vom korrekten Ansprechen und vom Rückschwung abhängt, sollte auch der Durchschwung im Idealfall ein reflektorischer Verlauf des korrekten Abschwungs sein. Umgekehrt kann sich die Vorstellung eines harmonisch verlaufenden Durchschwungs auch unbewußt darauf auswirken, daß und wie Sie den Schlägerkopf mit hoher Geschwindigkeit »durch den Ball« schwingen.

Bei Holzschlägen, langen und mittleren Eisen hoffe ich, im Durchschwung unbewußt die nachfolgenden Stationen zu durchlaufen, angefangen in dem Moment, wo meine Hände wieder in Hüfthöhe sind:

1. Meine linke Schulter zeigt senkrecht nach oben, während die rechte unter meinem Kinn hindurchdrehte und nun zum Boden zeigt.

2. Der linke Arm beginnt, sich im Ellbogen abzubiegen, während der rechte sich vollständig streckt.

3. Innenflächen und Rückenseiten beider Hände zeigen parallel zur Ziellinie.
4. Die linke Hüfte ist so weit nach links gedreht, daß meine linke Hosentasche von vorn nicht mehr zu sehen ist, während die rechte Hüfte sich so vehement in den Schlag drehte, daß die rechte Hosentasche sich nun fast zehn Zentimeter vor meinem Kinn befindet.
5. Mein Kopf, während des Ansprechens etwas hinter dem Ball, ist jetzt etwa dreißig Zentimeter hinter der Ausgangsposition des Balles.
6. Mein rechtes Bein beugt sich entspannt nach innen, während das linke fest bleibt.
7. Das Gewicht liegt fast vollständig auf dem linken Fuß, nur etwa fünfzehn Prozent verbleiben auf dem rechten.

Nach einem harmonisch verlaufenden Schwung sollte meine Gürtelschnalle etwas nach links vom Ziel zeigen. Ich stehe aufrecht, fünfundneunzig Prozent meines Gewichts »schweben« auf der Außenkante des linken Absatzes, der Rest auf den Zehen des rechten Fußes. Beide Arme sind in den Ellbogen leicht gebeugt, und die Hände kommen in Höhe meines Kopfes hinter dem linken Ohr zum Stillstand. All das zeigt mir an, daß der Schwung frei und kraftvoll war, daß ich aber trotzdem Körper und Schläger dauernd unter Kontrolle hatte.

Einige »Evergreen-Tips« zur Technik und zum Tempo des vollen Schwunges

Auslösen des Rückschwunges

Nach Meinung der meisten Professionals und Lehrer sollte der Rückschwung nicht aus vollständigem Stillstand heraus einsetzen. Sie befürworten als Einleitung unter anderem den sogenannten *»forward press«*. So hält Tom Watson seine Hände in einer Linie Augen–Hände–Ball, preßt sie dann leicht nach vorn und leitet von dort aus den Rückschwung ein. Gary Player drückt zur Eröffnung sein rechtes Knie etwas in Richtung Ziel und schwingt dann zurück.

Ich habe mit verschiedenen Schwungauslösern experimentiert, sie haben sich aber ausnahmslos negativ auf mein Timing ausgewirkt. Das muß bei Ihnen aber nicht so sein!

Wenn ein völliger Stillstand vor dem Rückschwung für Sie irritierend ist, so versuchen Sie es doch mal mit einem »forward press«. Vielleicht geht es dann besser.

Tips für einen korrekten Takeaway

Sollten Sie die schlechte Angewohnheit angenommen haben, den Schläger ruckartig nach innen zu reißen oder ihn hochzuheben, so stellen Sie sich ein Tee vor, das etwa fünfundvierzig Zentimeter hinter dem Ball auf der Verlängerung der Linie zum Ziel im Boden steckt. Versuchen Sie dann, dieses imaginäre Tee im Rückschwung zu treffen.

Eine weitere Hilfe für einen flachen und weichen Takeaway kann darin bestehen, daß Sie den Schlägerkopf beim Ansprechen acht bis zehn Zentimeter hinter dem Ball auf den Boden setzen und den Schlag von dort aus einleiten.

Tips für ein korrektes Aufdrehen

Nur wenige Amateure haben ihren Oberkörper am Ende des Rückschwunges voll aufgedreht, mit dem Ergebnis, daß sie ihn im Abschwung auch nur wenig zurückdrehen können und daß dem Schlag Pfiff, Länge und Präzision fehlen. Um Ihnen nun das Gefühl zu vermitteln, »die Feder im Rückschwung richtig aufzuziehen«, stellen Sie sich beim Ansprechen mit der Außenkante Ihres rechten Fußes auf einen Ball. Aus dieser Stellung heraus werden Sie unweigerlich das Gefühl haben, Ihren Oberkörper gegen den Widerstand der unteren Körperhälfte aufdrehen zu müssen.

Wenn es Ihnen gelingt, dieses Gefühl und die dazugehörenden Bewegungen fest in Ihren Schwung zu integrieren, kann sich Ihr Spiel ganz entscheidend verbessern.

Tips für die Kontrolle der Schwungbahn des Schlägerkopfes

Die Stellung des Schlägerschaftes am Ende des Rückschwungs ist im allgemeinen bestimmend für die Richtung, in die der Ball fliegen wird. Zeigt der Schaft in der sogenannten »laid-off«-Position nach links vom Ziel, so wird der Schlägerkopf im Treffmoment höchstwahrscheinlich von außen nach innen quer »durch den Ball« hindurchschwingen. Der Ball wird demzufolge nach links starten. Welchen Bogen die Flugbahn in ihrem weiteren Verlauf beschreibt, hängt davon ab, wie die Schlagfläche im Verhältnis zur Schwungbahn ausgerichtet ist. Zeigt der Schaft in der sogenannten »across-the-line«-Position nach rechts vom Ziel, so wird der Schlägerkopf im Treffmoment höchstwahrscheinlich von innen nach außen quer »durch den Ball« hindurchschwingen. Der Ball wird daraufhin nach rechts starten. Für einen geraden Schlag sollte der Schlägerschaft am Ende des Rückschwungs also möglichst parallel zur Linie zum Ziel ausgerichtet sein.

Tips um ein verlorenes Timing zurückzugewinnen

Das Timing eines Spielers kann noch so sicher sein, irgendwann wird er damit Schwierigkeiten bekommen. Ist es zu langsam oder zu bedächtig, so ergibt es einen schwachen Schlag nach rechts. Bälle, die nach links starten und entweder weiter nach links abdrehen oder als Slice nach rechts, sind gewöhnlich ein sicheres Anzeichen dafür, daß der Schwung zu schnell und hastig war.

Eine übermäßige Anspannung von Armen und Beinen beim Ansprechen des Balles führt zu einem roboterartigen, unharmonischen Rückschwung, aus dem heraus der Schlägerkopf nicht mit der optimalen Geschwindigkeit herunter- und »durch den Ball« hindurchschwingen kann. Ich hatte dieses Problem vor ein paar Jahren, konnte es unter Anleitung des Teaching Pro, David Leadbetter, glücklicherweise schnell aus der Welt schaffen. Und hier ist sein Tip für Spieler, die ebenfalls darunter leiden:

Stellen Sie sich vor, Sie stehen auf einer sehr dünnen Eisdecke und wollen Ihren Ball so entspannt wie möglich ansprechen und sich dabei auch so leicht wie möglich machen. Versuchen Sie gut ausbalanciert zu stehen, leicht zu schwingen und Ihren Schlägerkopf in einem harmonischen Schwung durch den Ball hindurch zu beschleunigen.

Sie können einer »Verkrampfung« auch dadurch begegnen, daß Sie ein Dutzend Bälle in einer Reihe nebeneinander aufteen und dann versuchen, die Bälle hintereinander anzusprechen und schnell zu schlagen, ohne dabei auch nur ein einziges Mal das harmonische Timing zu verlieren. Der berühmte Sir Henry Cotton, mehrfacher Champion der British Open, hielt diese Übung für besonders wertvoll, um das optimale Timing zu erlernen, die Hände zu trainieren und zu kräftigen.

Golfer, die zu kraftvoll spielen, neigen dazu, die Schläger im Rückschwung hastig hochzureißen und im Abschwung dann *nach* dem Ball, anstatt *»durch ihn hindurch«* zu schlagen. Wenn das auf Sie zutrifft, dann versuchen Sie doch mal, Ihren Rückschwung durch einige Waggles einzuleiten, indem Sie Schläger, Arme und Hände als eine Einheit ein paarmal vor- und zurückschwingen und den Schlägerkopf erst dann hinter dem Ball aufsetzen. Ihr Takeaway wird dadurch sicherlich langsamer, Ihr Timing harmonischer, und Sie werden Ihren Schläger in einem weiten Bogen »durch den Ball« hindurchschwingen.

Um weniger zu »powern« und mehr zu schwingen können Sie auch mit leichten Plastikbällen üben. Da diese sowieso nur eine kurze Strecke fliegen, werden Sie sich weniger auf die Kraft des Schlages als auf seine präzise Ausführung konzentrieren. Eine Übungsstunde pro Woche mit Plastikbällen wird Ihr Timing so weitgehend verbessern, daß Sie auch auf dem Platz nie mehr ins »Dreschen« verfallen werden und Ihr Score wesentlich erfreulicher wird.

Wie bringe ich meine Schlagfläche square an den Ball?

Ein Golfball fliegt gerade, wenn der Schlägerkopf im Treffmoment auf der Linie zum Ziel mit square ausgerichteter Schlagfläche (auf dem Weg von innen nach innen) »durch den Ball« hindurchschwingt.

Lange Schläge bedingen den gleichen Ablauf mit höherer Geschwindigkeit. Ist die Schlagfläche im Treffmoment aber nicht square ausgerichtet, so nützt auch eine Schlägerkopfgeschwindigkeit von 240 km/h nichts, der Ball wird kurz und schief fliegen. Probieren Sie es aus! Setzen Sie den Schlägerkopf zuerst schief ausgerichtet hinter den Ball, schlagen Sie mit aller Kraft, und machen Sie dann das gleiche mit square ausgerichteter Schlagfläche und harmonischem Schwung. Die jeweiligen Flugbahnen und Längen der beiden Bälle sagen Ihnen alles...

Der Übergang vom Aufschwung zum Abschwung sowie das Treffen des Balls mit hoher Geschwindigkeit und square ausgerichteter Schlagfläche sind einfacher, wenn der Rückschwung in dieser klassischen »Waiter's Tray Position« endet.

Wenn ich den Körper im Treffmoment hinter dem Ball halte und die linke Seite fest bleibt, kann ich den Drive mit voller Kraft schlagen, so wie Sugar Ray Leonhard den linken Fuß fest auf den Boden stellt, bevor er einen harten Aufwärtshaken schlägt.

Um nun square und kraftvoll »durch den Ball« hindurchzuschwingen, sollten rechte Hand, rechtes Handgelenk und rechter Arm am Ende des Rückschwunges in der Haltung eines Kellners sein, der ein Tablett trägt. Der Einsatz des rechten Armes im Abschwung ist ähnlich wie beim Wurf eines Balles mit dem Handrücken nach unten, und das ist aus der »Waiter's Tray Position« heraus sehr viel einfacher zu wiederholen.

Der Power-Fade

Mein von rechts geleiteter Schwung ergibt normalerweise einen leichten Draw, der nach einem Carry von zweihundertfünfundzwanzig Metern mit dem Driver noch etwa zweiundzwanzig Meter rollt. Im Oktober 1987, kurz vor dem Ryder Cup Match, hatte ich jedoch mit meinen Drives plötzlich ernsthafte Probleme.

An langen, schmalen, von tiefem Rough und Bäumen eingefaßten Spielbahnen landeten etwa fünfzig Prozent meiner Drives neben dem Fairway. Das mußte sich natürlich auf mein Bankkonto und auf meine gesamte Verfassung bei zukünftigen Turnieren äußerst negativ auswirken. Besonders schlimm war dies im Hinblick auf die kommende US Open, bei der die Fairways immer sehr eng geschnitten und von scheußlichem Rough eingefaßt sind.

Warum verließen meine Drives so oft den schmalen Pfad der Tugend? Es lag daran, daß meine rechte Hand so stark ist und bei einem besonders hart geschlagenen Ball im Treffmoment zu schnell die linke »überrollt«. Dadurch schließt sich die Schlagfläche und aus dem harmonisch geschlagenen leichten Draw wird ein verrissener Hook.

Nun kann es doch eigentlich nicht so schwer sein, sich an langen, schmalen Löchern mit dem Drive etwas zurückzuhalten. Das war auch für mich leichter gesagt als getan, weil ich den Schlag nunmehr zu sehr zurückhielt, die Hände nicht mehr voll einsetzte und nicht mehr frei durch den Ball hindurchschwang. Das Ergebnis waren kurze, nach rechts hinausgeschobene Schläge. Dazu kam, daß mein Spiel stets aus einer Mischung von Emotion und Technik bestand – und besteht. Ich liebe lange Drives an langen Fairways, ob sie nun schmal oder weit sind.

Schließlich kam ich auf den von mir so genannten »Power-Fade«, einen aggressiv, aber kontrolliert von links nach rechts geschlagenen Ball. Diese neue Technik gab mir mein Selbstvertrauen zurück, weil damit auch ein nicht hundertprozentig getroffener Ball wenigstens noch meistens auf der Bahn blieb. Mit dem Power-Fade hatte ich den Schlag gefunden, mit dem ich auch an langen, schmalen Fairways aufs Ganze gehen kann. Dazu wird der Ball etwas höher aufgeteet, bis über die Oberkante des Schlägerkopfes, und direkt von der Innenseite des linken Fußes gespielt. Dann richte ich Füße, Knie, Hüften, Schultern und die Schlagfläche etwas nach links aus – in die Richtung, wohin der Ball starten soll. Danach reduziere ich meinen Griff am Schlägerschaft etwas, indem ich die Hände ein wenig nach links drehe. Der Griff der linken Hand ist fester als sonst, so daß die Hände später »in den Schlag kommen« und auch später »überrollen«.

So ausgerichtet schlage ich den Ball mit meinem normalen Schwung, halte den Schläger nur mit der linken Hand im Treffmoment etwas fester als sonst, und treffe den Ball erst, wenn der Schlägerkopf gerade anfängt, wieder nach oben zu schwingen, also den Bruchteil einer Sekunde später als sonst. Dieses späte Treffen und der gleichzeitig feste und »schwächere« Griff geben mir die Sicherheit, voll schlagen zu kön-

Für einen Power Fade mit dem Driver wird der Ball etwas höher aufgeteet, und ich treffe ihn ein wenig später als sonst, wenn der Schlägerkopf gerade anfängt, wieder nach oben zu schwingen.

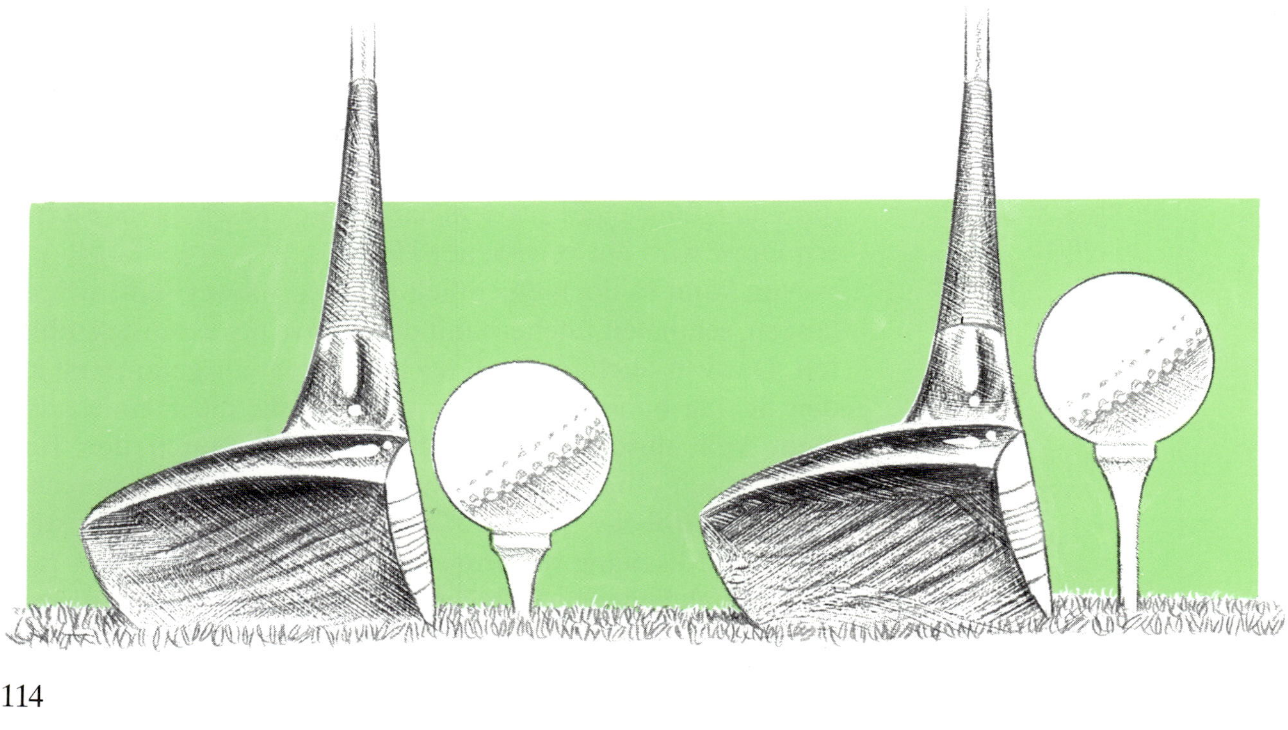

nen, ohne einen Hook befürchten zu müssen. Der Ball fliegt ziemlich schnell hoch und dreht in einer weiten Flugbahn allmählich nach rechts in Richtung Ziel.

Der Schwung mit den kurzen Schlägern

Vom Eisen 7 bis zum Sand Wedge haben die Schläger kürzere Schäfte und einen zunehmenden Loft. Sie lassen sich daher leichter schwingen und unter Kontrolle halten als die langen Schläger. Viele Amateure nützen diesen Vorteil aber gar nicht aus und schlagen diese Bälle zu hastig, zu unkonzentriert, und meistens auch in einer zu flachen Schwungbahn.

Ein Spieler mit hohem Handicap wird bei einem Schlag mit dem kurzen Eisen zum Grün oft leichtsinnig, weil der Schlag so einfach aussieht. Tatsächlich aber muß man sich einen kurzen Schlag zum Grün besonders genau überlegen, wenn der Ball an die Fahne gehen soll. Dazu gehört natürlich auch die sorgfältige Wahl des dafür optimal geeigneten Schlägers.

Die Schläge mit den kurzen Eisen reichen bei mir von hundertfünfundvierzig Metern beim Eisen 7 bis zu maximal achtzig Metern beim Sand Wedge. Um diese Bälle mit der größtmöglichen Präzision zu schlagen, verändere ich meine Stellung am Ball und meinen Schwung ein wenig im Vergleich zu den längeren Schlägern.

Die Stellung am Ball

Ich spiele den Ball um so viel näher vom rechten Fuß, daß meine Hände sich in einer gedachten Linie vor dem Schlägerblatt befinden, wenn ich es square ausgerichtet hinter dem Ball auf den Boden setze. Das ergibt einen steileren Takeaway, eine aufrechte Schwungbahn und einen steileren Abschwung von oben in den Ball hinein. Mit zunehmendem Loft des Schlägers spiele ich den Ball entsprechend näher vom rechten Fuß, allerdings höchstens bis zur Mitte der Füße, es sei denn, ich will dem Ball einen besonders starken Backspin geben.

Bei Verwendung der langen Schläger will ich mich locker und unverkrampft zum Ball strecken. Aufgrund der steileren Stellung des Schlägers, stehe ich bei den kurzen Eisen näher am Ball und kann dadurch meinen ganzen Körpereinsatz und den Schläger besser unter Kontrolle halten.

Für diesen kürzeren, kompakteren und eher aufrechten Schwung stelle ich mich *nicht* square an den Ball, drehe vielmehr Füße, Knie und Hüften etwas nach links vom Ziel, stehe also offen am Ball. Anstatt das Gewicht gleichmäßig auf beide Füße zu verteilen liegt der Schwerpunkt jetzt links, und außerdem ist mein Stand etwas enger als sonst – alles zur besseren Kontrolle des Schlages.

Halten Sie Ihr Kinn hoch

Präzise Schläge mit den kurzen Eisen bedingen einen stillgehaltenen Kopf. Der Amateur mit hohem Handicap über-

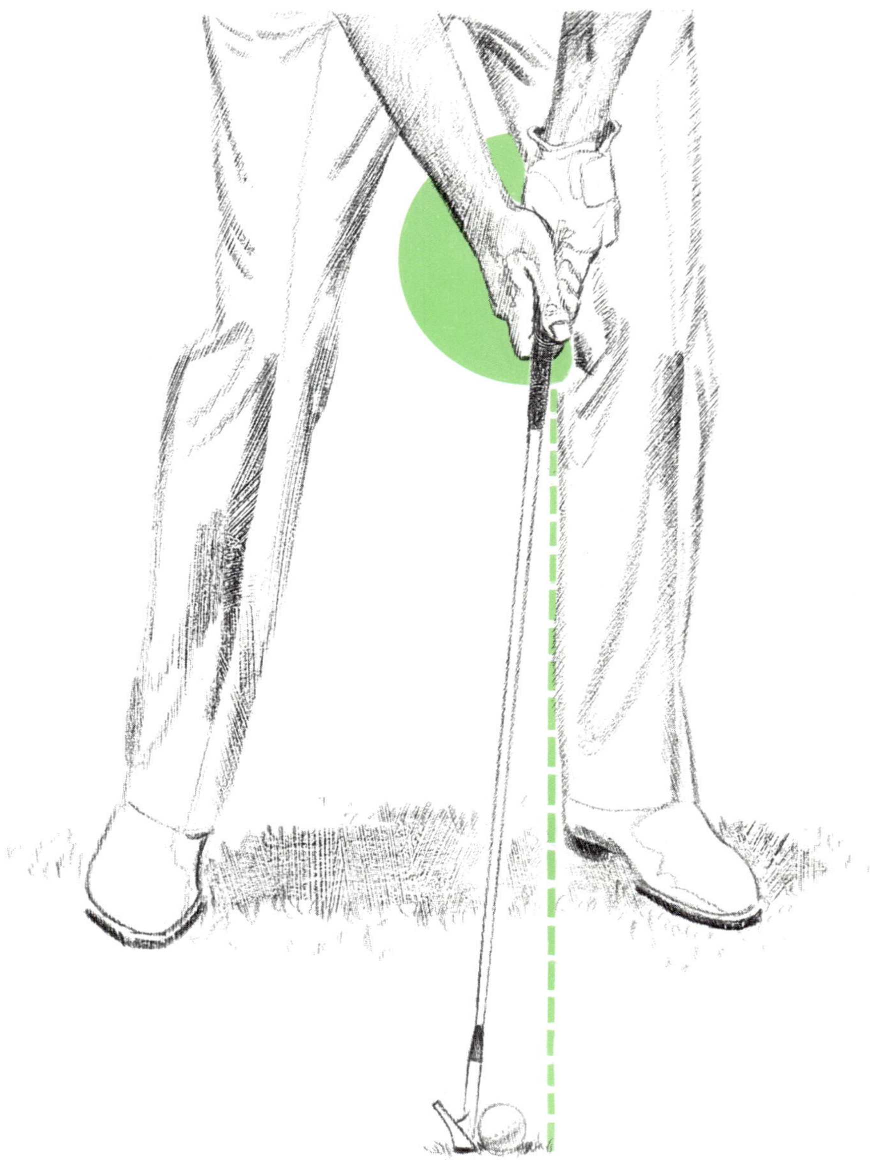

Wenn die Hände sich beim Ansprechen etwas vor dem Ball befinden (gestrichelte Linie), kann ich die kurzen Eisen steiler hochschwingen und direkt hinter dem Ball in den Boden schlagen.

treibt das leicht, indem er den Kopf zu starr und das Kinn zu tief hält. Dann kann die linke Schulter sich im Rückschwung nicht frei unter dem Kinn hindurchdrehen, und die rechte Schulter wird im Abschwung daran gehindert. Dadurch aber gerät der Schlägerkopf aus der korrekten Schwungbahn, und der Ball fliegt schief.

Um den Schultern im Auf- und Abschwung den Weg frei zu lassen und den Armen einen fließenden Schwung zu ermöglichen, sollten Sie beim Ansprechen des Balles, und für die Dauer des ganzen Schwunges, zwischen Kinn und Brustbein einige Zentimeter Zwischenraum lassen.

Der Rückschwung

Aus dieser Stellung heraus kann ich den Schläger in einer aufrechten Bahn und einem relativ engen Bogen zurückschwingen. Ich halte es bei Verwendung der kurzen Eisen für besonders wichtig, den Ball im letzten Moment des Abschwungs zu treffen, und ich versuche, dies durch ein paar Vorsichtsmaßnahmen sicherzustellen.

Mit Hilfe eines komplizierten Schwung-Analysators wurde festgestellt, daß sich beim Ansprechen mit den kurzen Eisen fünfundsechzig Prozent meines Gewichts auf der linken Seite befinden. Beim Rückschwung verlagere ich davon nur etwa zehn Prozent nach rechts, gerade ausreichend für eine fließende Drehung der Hüfte, einen weichen Armschwung und den korrekten Einsatz der Beine. Dadurch, daß fünfundfünfzig Prozent meines Gewichts auf dem linken Fuß bleiben, werden die Schultern sich im Rückschwung nicht nur drehen, sondern auch nach vorn absenken, was wiederum einen steilen Rückschwung begünstigt.

Durch diese beinahe ruckartige Bewegung der Schultern, die linke nach unten, die rechte nach oben, wird der Schläger steil nach oben geführt. Um aber ganz sicher zu gehen, daß der Schwungbogen eher eng und steil wird, winkele ich das rechte Handgelenk bewußt ab, während ich den Schläger mit der rechten Hand hochziehe.

Kurze Schläger verlangen nicht die volle Kraft, daher auch keine volle Körperdrehung und keinen weiten Schwungbogen. Das sollten Sie sich zu Herzen nehmen. Präzision ist bei diesen Schlägen das oberste Gebot. Schließlich wollen Sie den Ball ja in ein sehr kleines Zielgebiet ums Loch herum schlagen.

Beim Schwung für den kurzen Schlag wird sich mein linkes Knie nie bis hinter den Ball drehen, und der Schläger wird nie über Dreiviertel der Höhe hochgeschwungen. Es ist insgesamt ein kompakter Schwung unter maximaler Kontrolle. Nur so bin ich in der Lage, den Ball in kritischen Situationen mit aller technischen Finesse zu schlagen.

Der Abschwung

Beim langen Schlag habe ich das Gefühl, daß die untere Körperhälfte mich bereits in Richtung Ziel zieht, noch bevor ich den Endpunkt des Rückschwunges erreicht habe. Das löst den vollen Einsatz der rechten Seite aus sowie den ganzen reflektorischen Ablauf des Ab- und Durchschwungs. Der Rückschwung für den kurzen Schlag ist langsamer und kürzer, und der Körper dreht sich weniger auf.

Ich löse den Abschwung dadurch aus, daß ich die rechte Hüfte bewußt nach innen und unten drücke, während ich den Schläger primär mit der rechten Hand leicht nach unten schwinge. (Ein hastiger Einsatz bringt das Timing durcheinander und ist daher unbedingt zu vermeiden.) Wurde mein Abschwung korrekt ausgelöst, so ergeben sich für den weiteren Bewegungsablauf die folgenden Kettenreaktionen:

1. Auf der Innenseite des rechten Fußes spüre ich einen starken Druck

2. Die Knie schieben sich etwas seitwärts in Richtung Ziel

3. Arme, Hände und Schläger »fallen« gerade herunter

4. Die rechte Schulter neigt sich nach unten, so daß mein Oberkörper im Treffmoment hinter dem Ball bleiben kann.

Die seitliche Verschiebung der Knie in Richtung Ziel ist in dieser Bewegungsabfolge besonders wichtig. Dadurch verlagert sich nämlich fast das ganze Gewicht auf den linken Fuß, die linke Hüfte dreht sich nach links und macht damit Platz für einen freien Ab- und Durchschwang der Hände und Arme.

Die Verschiebung der Knie verhindert außerdem einen zu steilen Abschwung »in den Ball« und flacht den Schwungbogen gerade so weit ab, daß ich nicht Gefahr laufe, hinter dem Ball »fett« in den Boden zu schlagen.

Im Abschwung wird vor allem die untere Körperhälfte aktiv, während Oberkörper und Kopf eher passiv hinter dem Ball bleiben. Ginge der Kopf nämlich nur ein wenig nach links, so

Beim kurzen Schwung machen meine Schultern eine beinahe ruckartige Bewegung. Das erleichtert mir einen steileren Rückschwung bis zu Dreiviertel der Höhe.

würden sich die Schultern zu schnell nach links drehen, ich würde von außen und oben »in den Ball« hineinschlagen und ihn völlig nach links verziehen.

Während die Beine sich zum Ziel hin beugen, ziehen die Hände und Arme den Schlägerkopf nach unten, und die Handgelenke bleiben dabei so lange abgewinkelt, bis die Hände in Gürtelhöhe sind und die linke Hüfte den Weg freimacht. So steuere ich die Geschwindigkeit des Schlägerkopfes und die Länge des Schlages mehr mit der unteren Körperhälfte als mit den Händen. Je stärker man die rechte Hüfte einsetzt, desto schneller wird der Schwung und desto länger der Ball.

Wenn der Ball nicht ungewöhnlich schlecht liegt, wie zum Beispiel im Rough der US Open oder in der Heide bei der British Open, und ich mit aller Kraft schlagen muß, werde ich stets versuchen, den Schlägerkopf in einem harmonisch verlaufenden Schwung von oben herunterzuziehen.

Aber auch, wenn ich in einer kritischen Situation den Ball voll schlagen muß, bemühe ich mich, nicht zu schnell zu schwingen, und den Handgelenken Zeit zu lassen, sich im natürlichen Verlauf des Abschwunges zu strecken.

Der zeitlich korrekte Einsatz der rechten Hand ist bei den kurzen Schlägen besonders wichtig, weil ich nur dann die Schlagfläche auch wirklich square an den Ball bringen und dem Schlägerkopf im entscheidenden, letzten Augenblick die peitschenartige Beschleunigung geben kann. Nur, wenn die Knie sich weich und harmonisch seitlich verschieben, können die Hände den Schlägerkopf optimal von oben »in« den Ball hinein- und »durch« ihn hindurchschwingen.

Das sind also die Grundregeln und die technischen Feinheiten meines Schwunges mit den kurzen Eisen. Auf den farbigen Serienfotos können Sie den ganzen Ablauf noch einmal verfolgen. Beim Golf allgemein, aber vor allem im kurzen Spiel sollen Sie sich ja letztendlich nicht mehr darauf konzentrieren müssen, *wie* Sie den Ball schlagen, sondern *wohin*.

Das Verschieben der Knie in Richtung Ziel ist das wichtigste Element im Verlauf des Abschwungs, weil ich nur so »durch den Ball« hindurch und nicht »in« ihn hineinschlagen werde.

Verstärkung des Backspins

Es gibt Situationen, in denen ein besonders starker Backspin unverzichtbar ist: wenn man aus einer schlechten Lage auf ein hartes Grün spielt oder bei starkem Rückenwind auf ein normales Grün.

Denken Sie nun bitte nicht, daß nur ein Professional in der Lage wäre, den Ball derartig abzustoppen. Auch Sie können Ihrem Ball so viel Backspin geben, daß er sich »hinsetzt wie ein Hund vor den Kamin«, wie ein CBS-Fernsehkommentator es mal formulierte.

Ansprechen des Balles: Spielen Sie den Ball weit vom rechten Fuß (über die Mitte hinaus), aus einem besonders engen Stand und mit extra steilem Aufschwung. Stehen Sie offen, schwächen Sie Ihren Griff, indem Sie beide Hände am Schaft etwas nach links drehen, so daß die »V's« zu Ihrem Kinn und nicht auf einen Punkt zwischen Kinn und rechter Schulter zeigen. Richten Sie das Schlägerblatt square aus, und greifen Sie den Schläger mit der linken Hand etwas stärker als sonst.

Aufschwung: Schwingen Sie völlig normal, auf der Linie Ihrer offen ausgerichteten Füße, Knie, Hüften und Schultern. Dadurch daß der Ball nahe am rechten Fuß liegt, wird der Aufschwung steil und der Schwungbogen eng.

Abschwung: Der feste und zugleich »schwache« Griff bewirkt einen späten Einsatz der Hände. Dies und die Position des Balles näher am rechten Fuß führt dazu, daß das Schlägerblatt im Treffmoment noch nicht vollständig square ausgerichtet ist und so »in den Ball hineinschneidet«, daß er einen starken Links/Rechts-Backspin bekommt. Er wird nach links vom Ziel starten, hoch fliegen, sich zur Fahne nach rechts zurückdrehen und nach dem Aufsetzen »tot« liegen bleiben.

Auf kurze Entfernung wird ein optimal zur Fahne geschlagener Ball einmal aufspringen und dann »tot« liegenbleiben.

DAS KURZE SPIEL

Kapitel 6

Der Pitch

Mein Leben lang war ich tief beeindruckt von der unendlichen Vielfalt der wunderbarsten Töne, die ein Konzertgeiger mit seinem Instrument hervorbringt, und oft hatte ich beim Zuhören den Eindruck, seine Violine müßte fünfzig statt vier Saiten haben.

Ich finde die Leistungen eines Geigenvirtuosen deshalb so faszinierend, weil ich glaube beurteilen zu können, welche ungeheure Anstrengung hinter diesem anscheinend gottgegebenen Talent steckt. Im übrigen finde ich, daß das kreative Element dieser Kunst auch im Golfspiel zu entdecken ist. Der Geiger entlockt seinem Instrument verschiedene Töne, indem er Ansatz und Tempo des Bogenstriches variiert. Ich entwickelte eine große Vielzahl von Pitches dadurch, daß ich immer wieder kleine Veränderungen im Tempo des Bewegungsablaufes und in der Gestaltung des Schwungbogens vornahm und meine Stellung beim Ansprechen des Balles entsprechend anpaßte.

Über all jene Pitches, mit denen man als Golfer während einer ganzen Runde konfrontiert wird, könnte ich allein ein Buch schreiben. Allerdings kann man die Feinheiten des Pitches doch nur durch systematisches Üben und durch die Erfahrung im richtigen Spiel erkennen. Ich werde Ihnen also nur die Grundbegriffe und Grundregeln erläutern, wie ich sie für den normalen Pitch und für den Pitch-and-run als richtig erkannt habe. Alle noch so raffinierten Spezial-Annäherungen sind im Grunde nichts anderes als Variationen dieser beiden Schlagformen.

Der normale Pitch

Es ehrt mich, daß viele meiner Kollegen in mir einen der besten Pitching – Wedge-Spieler sehen. Mein Erfolg basiert auf einer Technik, die ich in jungen Jahren selbst entwickelte, als ich lernen mußte, zuerst mit einem Eisen 3 und nach dem Diebstahl meines »old reliable« mit einem Eisen 5, einen hoch fliegenden, weich aufsetzenden Ball zu spielen.

Natürlich war das dann mit dem Eisen 5 sehr viel einfacher; aber es ist immer noch siebeneinhalb Zentimeter länger als ein Pitching Wedge, mit einem um zwanzig Grad geringeren Loft. Also mußte ich auch mit diesem Schläger »zaubern«, um eine Art Pitch zu spielen.

Nach vielen Versuchen und Enttäuschungen fand ich schließlich einen Weg, den Schlägerkopf in einer höchst unorthodoxen Art und Weise unter dem Ball hindurch zu manövrieren. Ich konzentrierte mich darauf, meine rechte Seite während des ganzen Abschwunges zurückzuhalten und im Treffmoment mit der rechten Hand ganz bewußt unter der linken hindurchzuschwingen. Nach all den Jahren praktiziere ich diese Technik beim normalen Pitching Wedge heute noch genauso, weil es mir nach wie vor dadurch gelingt, das Schlägerblatt im Treffmoment richtig unter dem Ball »hindurchzupeitschen« und ihm so viel Backspin zu geben, daß er mehr oder weniger »tot« liegenbleibt.

Das Ansprechen

Ich spiele den Ball mehr vom linken Fuß, um den vollen Loft des Schlägerblattes ausnützen zu können, den Ball weich zu schlagen und weich aufsetzen zu lassen. Die Füße sind eng beieinander, und sechzig Prozent meines Gewichts liegen auf der linken Seite. Das ergibt einen steilen Schwungbogen und einen hoch fliegenden Ball. Beide Fußspitzen sind leicht nach außen gedreht, so daß mein Körper sich im Rückschwung nicht zu stark aufdreht, die linke Seite zu Beginn des Abschwunges leichter den Weg frei macht, und das Schlägerblatt im Treffmoment aufgedreht bleibt.

Hüften und Schultern sind beim Ansprechen square ausgerichtet, so daß ich den Schläger fast in der gleichen Bahn schwingen kann, wie bei einem vollen Schlag; dadurch kann ich die Wiederholbarkeit des ganzen Ablaufes sicherstellen. Ich halte den Schläger leicht, um unverkrampft schwingen zu können, die Hände sind genau über dem Schlägerkopf, und das Schlägerblatt ist square zum Ziel ausgerichtet.

Der Rückschwung

Wichtig ist hierbei, daß mein Gewicht auf der linken Seite bleibt und daß die linke Schulter sich in einer umgekehrten Drehung (Pivot) nach *unten senkt,* wodurch Arme und Schläger automatisch

Bei einem kurzen, besonders weich geschlagenen Pitch geht es mir wie dem Geiger, der seinen Bogenstrich für jeden Ton leicht verändert. Dadurch daß ich das Gewicht beim Ansprechen fast ganz auf der linken Seite lasse, macht mein Körper im Rückschwung einen geringen umgekehrten Pivot, und er bleibt dadurch während des ganzen Schlages hinter dem Ball. Auf diese Weise kann meine rechte Hand leichter unter der linken »hindurchrollen«, und das Schlägerblatt unter dem Ball hindurchpeitschen, wodurch dieser hoch fliegt und weich auf dem Grün aufsetzt.

steil nach oben schwingen, und der Oberkörper sich etwas zum Ziel hin verschiebt. Wenn die linke Schulter sich dann unter meinem Kinn hindurchgedreht hat und der Schlägerkopf am höchsten Punkt des Dreiviertelschwunges angekommen ist, verhindert das fest verankerte rechte Bein jegliches Schwanken meines Körpers.

Der Abschwung

Viele meiner Kollegen spielen einen kurzen abstoppenden Pitch mit einem scharfen, steil von oben nach unten verlaufenden Schwung, der im Treffmoment von der linken Hand hart gebremst wird, um dem Ball einen extra starken Backspin zu geben. Ich bemühe mich dagegen bei einem normalen Pitch nicht besonders um den Backspin, spiele den Ball statt dessen so weich und so hoch, daß er nach seinem steilen Flug und der weichen Landung nur einmal aufspringt, um dann tot liegen zu bleiben, beziehungsweise langsam zur Fahne hin auszurollen.

Deshalb leite ich meinen Abschwung durch eine leichte Drehung der Knie in Richtung Ziel ein. Dadurch rückt der Oberkörper etwas nach rechts vom Ziel weg, während die rechte Hand den Schläger nach unten zieht. Durch diesen »Mini-Reserve-Pivot« (also durch »leichtes Zurückfallen«) bleibt mein Körper hinter dem Ball und das Gewicht primär auf der rechten Seite.

Ohne dieses »leichte Zurückfallen« würden meine Schultern, Beine und Hüften sich zum Ziel hin verlagern, und die linke Hand müßte den Abschwung führen. Die dann unvermeidliche Gewichtsverlagerung nach links würde eine Hebelwirkung auslösen, und ich würde steil von oben herunter »in« den Ball hineinschlagen. Einen solchen Schlag praktiziere ich höchstens aus tiefem Rough oder von einem Fairway, das so hart ist, daß das Schlägerblatt nicht unter dem Ball hindurchgleiten kann.

Hart von oben »in den Ball hineingespielt«, wird der Schlag leicht zu schnell und unpräzise. Er produziert möglicherweise auch so viel Backspin, daß selbst ein erfahrener Spieler die Auswirkung nach dem Aufsetzen des Balls kaum vorausberechnen kann. Greg Norman mußte diese traurige Erfahrung am letzten Loch der PGA Championship von 1986 in Inverness machen. Der Ball setzte zwar hinter dem Loch auf, hatte aber so viel Backspin, daß er am Loch vorbei zurück in das dichte Gras am Grünrand rollte. Aus dieser Lage hatte er dann keine Chance, zum Birdie einzulochen, nachdem Bob Tway seinen Ball aus einem Grünbunker direkt ins Loch geschlagen hatte.

Stellen Sie sich eine Fahne an der Stelle vor, an der Ihr Ball aufsetzen soll.

Zahllose Golfer spielen ihre langen Pitchs nicht weit genug. Trifft das auch für Sie zu, so empfehle ich Ihnen folgendes: Stellen Sie sich eine Fahne an der Stelle vor, an der Ihr Ball aufsetzen soll, bevor er dann zum Loch hin ausrollt. Zielen Sie dann auf die Spitze dieser imaginären Fahne, und Sie werden mit ihr Pitch-Schläge nie mehr zu kurz spielen.

Hilfe, Wasser!

Bei einem Pitch über ein Wasserhindernis stellen Sie sich bitte vor, daß Ihr Freund an der Fahne steht, um Ihren Ball mit einem Baseballhandschuh aufzufangen. Sie können auch Ihren Caddie an die Fahne schicken. Damit bekommen Sie ein klares Bild von der Tiefe des Raumes, und Sie werden sich so intensiv auf dieses Ziel konzentrieren, daß Sie das Wasser völlig vergessen.

Der »Unterhand«-Wurf

Einen kurzen Pitch mit der richtigen Kraft für die beabsichtigte Flugbahn und Entfernung zu schlagen, erfordert eine langjährige Erfahrung und eine ausgefeilte Technik. Eine nützliche Übung ist es, sich vorzustellen, daß man einen Golfball »unter der Hand« auf einen Punkt kurz vor der Fahne wirft. Dann versucht man, das aus diesem imaginären Wurf gewonnene Gefühl auf den wirklichen Schlag mit dem Wedge zu übertragen. Sie werden von dem Ergebnis überrascht sein.

Greifen Sie den Schläger für einen kritischen Schlag kürzer

Müssen Sie einen kurzen Pitch über einen Bunker oder zu einer sehr kritischen Fahnenposition schlagen, so greifen Sie den Schläger etwa zweieinhalb Zentimeter tiefer am Schaft.

Das ergibt ein besseres Gefühl für die richtige Länge des Rückschwunges.

Üben Sie mit Freunden

Alleine zu üben ist nur sinnvoll, so lange es sich um den mechanischen Ablauf des Schlages handelt. Will man aber das Gefühl für den Schlag, den »Touch«, die Koordination von Augen und Händen verbessern, sollte man mit Freunden üben. Man kann dann kleine Wettkämpfe veranstalten, die für Kampfgeist und Konzentration sehr förderlich sind.

Wann und wo immer möglich, sollten Sie Pitchs von verschiedenen Stellen ums Grün zu unterschiedlichen Fahnenpositionen üben. Damit schärfen Sie Ihren Blick für das Abspringen und Abrollen des Balles. Sollte es auf Ihrem Platz keine Übungsmöglichkeit geben, so können Sie kurze Pitchs auch in offene Pappkartons spielen, die Sie in unterschiedlichen Abständen auf einer Wiese verteilen.

Der Pitch-and-run

Mehr als irgendein anderer Schlag hat der Pitch-and-run zu meinen Turniererfolgen in der ganzen Welt beigetragen, besonders zu meinen beiden Siegen in der British Open von 1979 und 1984.

Die Links-Plätze, auf denen diese Meisterschaft alljährlich ausgetragen wird, haben fast ausnahmslos wellige, harte und schnelle Grüns, auf denen man einen normalen Pitch häufig gar nicht halten kann. Landet der Ball nämlich nicht exakt auf der optimalen Stelle, kann er von einer der zahllosen Bodenwellen in die scheußlichsten Lagen außerhalb des Grüns rollen. So ist zumindest für mich ein flacher, vor der Fahne oder bei hartem Boden und Rückenwind sogar vor dem Grün aufsetzender Annäherungsschlag die beste Lösung. Das Ausrollen des Balles läßt sich bei diesem flachen Schlag sehr viel leichter berechnen.

Ich spiele einen Pitch-and-run über Entfernungen von fünfzehn bis etwa siebzig Meter, je nachdem, wie es die Situation erfordert und die äußeren Gegebenheiten es zulassen. Normaler-

Bei einem langen Pitch-and-run bewirken ein flacher Schwungbogen und sich zum Ziel hin verlagernde Knie, daß mein rechter Unterarm im Treffmoment über den linken »rollen« und dem Ball dadurch einen leichten Rechtslinksdrall geben kann.

weise nehme ich dazu den Pitching Wedge, aber bei Entfernungen zwischen fünfzig und siebzig Metern vom Fairway darf es auch mal das Eisen 8 sein. Mit seinem geringeren Loft kann ich diesen Schläger leichter schwingen, und den Ball trotzdem weit genug schlagen.

An einen Pitch-and-run werde ich noch lange denken. Bei der Suntory Matchplay Championship 1983 in Wentworth, südwestlich von London, war mein Gegner Arnold Palmer am achtzehnten Abschlag eins auf. Nach zwei Schlägen an diesem Par-5 Loch lag mein Ball fast fünfzig Meter vom Grün entfernt, während Arnolds Ball in Fahnenhöhe und ideal lag, um ein Birdie zu spielen. »Seve, du mußt deinen Ball einlochen«, sagte ich zu mir, als ich in Gedanken einen Pitch-and-run mit dem Eisen 8 vor mir sah, der kurz vor dem Grün aufsetzen, noch einmal aufspringen und dann *ins* Loch ausrollen sollte, das sich auf der hinteren Grünhälfte befand. Der Schlag gelang tatsächlich so wie geplant, ich spielte ein Eagle und gewann das Match gegen Palmer dann im Stechen.

Wann immer es möglich ist, ziehe ich den Pitch-and-run dem Standard Pitch vor. Der Schwung ist kürzer, erfolgt mehr aus den Armen, und er gestattet eher ein falsches Tempo oder einen nicht völlig korrekten Schwungverlauf. Schlage ich einen normalen Pitch hoch an die Fahne auf der hinteren Hälfte eines Terrassengrüns zu stark, so kann der Ball über das Grün tief ins Rough gehen. Ein in der gleichen Situation etwas zu stark geschlagener Pitch-and-run wird dagegen höchstwahrscheinlich am hinteren Grünrand liegenbleiben.

Zusammenfassend könnte man sagen, daß der Pro unserer Tage einen Pitch-and-run wie folgt spielt: Der Spieler steht »offen«, das Gewicht liegt vornehmlich links, der Ball mehr am rechten Fuß. Er schwingt den Schläger mit beiden Händen zurück, führt den Schlägerkopf dann aber primär mit der linken Hand in den Abschwung und schlägt mit einer Art Punch den Ball. Einige Spieler, vor allem Lee Trevino, beherrschen diese Technik nahezu perfekt. Dennoch ist sie nichts für mich, weil der Ball dabei häufig zuviel Backspin bekommt und dann nicht genug ausrollt.

Als ich mir Filmaufnahmen vergangener Größen des Golfsports ansah, erkannte ich, daß diese offenbar damals ebenfalls die beste Technik für einen Pitch-and-run darin sahen, das Schlägerblatt im Treffmoment aus einer etwas offenen in eine eher geschlossene Stellung zu drehen. Damit gebe ich dem Ball einen leichten Rechtslinksdrall, so daß er beim Ausrollen nicht von der vorgegebenen Linie abweicht.

Das Ansprechen

Spiele ich einen solchen »Renner«, so liegt der Ball beim Ansprechen etwas rechts von der Mitte meines Standes. Zu weit will ich ihn nicht an den rechten Fuß legen, weil ich den Ball dann womöglich zu steil schlage und ihn treffe, ehe das Schlägerblatt wieder square zum Ziel ausgerichtet ist. Die Fersen stehen etwa in Schulterbreite auseinander, und mein Gewicht liegt gleichmäßig auf beiden Fußballen. Das begünstigt eine flachere Schwungebene. (Hat man bei einem engen Stand das Gewicht mehr auf der linken Seite, so begünstigt das eine steile Schwungebene.)

Ich richte mich square zum Ziel aus, stehe mit geraderen Knien etwas aufrechter als sonst, um den Schläger in einer flachen Ebene zu schwingen. Aus dem gleichen Grund greife ich den Schläger am Schaftende und nehme die Hände nur ganz wenig vor den Ball. Das Schlägerblatt ist etwas nach rechts vom Ziel ausgerichtet, um den winzigen Hook-Drall auszugleichen, den der Ball im Treffmoment erhält, weil sich das Schlägerblatt dabei aus der etwas offenen Stellung zudreht.

Der Rückschwung

Im Rückschwung drehen sich meine Knie ziemlich rasch im Uhrzeigersinn. Dadurch verlagert sich das Gewicht auf den rechten Fuß, und die Arme können den Schläger in einer relativ flachen Ebene zurückschwingen. Mein Kopf ist ein klein wenig nach rechts gedreht, weil ich durch ein leichtes Schwanken des Oberkörpers verhindere, daß die Handgelenke sich zu früh abwinkeln, und ich den Schläger womöglich hochhebe. (Normalerweise würde ich niemals zu einem Schwanken des Oberkörpers raten, weil es dessen Aufdrehen verhindert. Für einen Pitch-and-run brauche ich aber nicht die Kraft des aufgedrehten Oberkörpers wie bei vollen Schlägen. Die Geschwindigkeit meiner Arme und der geringfügige Rechtslinksdrall genügen, um dem Ball den nötigen »Carry« zu geben und ihn zum Loch hin ausrollen zu lassen.) Die Hände schwingen nur bis in Hüfthöhe zurück, das Schlägerblatt ist aufgedreht und das rechte Handgelenk etwas abgewinkelt.

Der Abschwung

Mit der Drehung der Knie nach links und der Gewichtsverlagerung auf den linken Fuß leite ich den Abschwung ein. So kann ich das Schlägerblatt mit meinen Armen mühelos zuerst auf die Linie zum Ziel und dann *auf ihr* entlangziehen. Im Treffmoment »rollt« die rechte Hand dann über die linke, während die rechte Schulter unter meinem festbleibenden Kinn hindurchgleitet.

Konzentrieren Sie sich auf ein Zwischenziel

Wenn Sie bei einem Pitch-and-run die Situation sorgfältig beurteilt und den Landeplatz des Balles bestimmt haben, dürfen Sie sich nur noch auf diesen Punkt konzentrieren – nicht auf das Loch. Je stärker Sie Ihr ganzes Augenmerk auf diesen Punkt richten, desto eher wird der Ball mit der richtigen Stärke geschlagen und genau auf dem von Ihnen vorbestimmten Punkten aufsetzen.

Stehen Sie beim Pitch-and-run aufrecht

Beim Pitch-and-run schwinge ich den Schläger primär aus den Armen heraus. Die Schwungebene ist flacher als sonst, so daß das Schlägerblatt sich im Rückschwung von square bis »offen« und im Schwung »durch den Ball hindurch« von »offen« bis »etwas geschlossen« dreht. Dadurch bekommt der Ball einen leichten Hook-Drall, und ich kann meinen Schläger langsamer, kürzer und daher besser kontrolliert schwingen, und dem Ball dennoch genug Kraft geben, um bis zum Loch hin auszurollen.

Ein eher aufrechter Stand begünstigt den Schwung aus den Armen und die etwas flachere Schwungebene.

Schlagen Sie zwei Becken gegeneinander

Durch das bewußte seitliche Verschieben der Knie im Abschwung zum Ziel hin erhöht sich die Geschwindigkeit der

Arme sowie die des Schlägerkopfes im Treffmoment – wichtig vor allem bei langen Pitch-and-runs.

Sie können sich den Einsatz der unteren Körperhälfte so vorstellen, daß zwei an der Innenseite Ihrer Knie befestigte Becken gegeneinander schlagen würden, während Sie »durch den Ball« hindurchschwingen.

Vorsicht auf nassem Boden!

Nehmen Sie für einen Pitch-and-run vom nassen Fairway auf ein nasses Grün stets »einen Schläger mehr«. So können Sie weich schwingen, brauchen den Schlag nicht zu forcieren, und gleichen das schlechtere Ausrollen des Balles auf dem nassen Grün aus.

Kapitel 7

Der Chip

Ich kann wohl behaupten, daß das Chippen zu meinen Stärken gehört. Das kommt wahrscheinlich daher, daß ich vor der Wahl des Schlägers und des Schlages selbst alle übrigen Unwägbarkeiten genau beachte: die Lage des Balles, die Entfernung bis zum anvisierten Ziel, die Bodenbeschaffenheit, die Schnelligkeit des Grüns, und natürlich auch die Entfernung bis zur Fahne.

Im Gegensatz dazu verlassen sich viele meiner Amateurpartner bei allen Schlägen aus der Nähe des Grüns auf einen einzigen Lieblingsschläger und eine einzige Art, den Ball zu schlagen. Das erscheint mir genausowenig sinnvoll, wie der Versuch, eine Forelle und einen Schwertfisch mit derselben Angel fangen zu wollen. Eine Vielzahl unterschiedlicher Schläge mit demselben Schläger spielen zu wollen, ist mühsam, schon allein deshalb, weil man das Schlägerblatt je nach Situation und Schlag immer wieder umstellen muß. Unter dem Druck eines Wettspiels erfordert dies jedoch einen ganz subtilen Touch – und intensives Üben. Deshalb bin ich davon überzeugt, daß es für die meisten Golfer wesentlich sinnvoller wäre, sich die Aufgabe durch den Einsatz verschiedener Schläger leichter zu machen.

Sicher spiele ich viele kurze Schläge mit nur einem Schläger, dem Sand Wedge, aber deshalb ist er noch lange nicht *der* Chipping-Schläger für mich, genausowenig wie irgendein anderer Schläger. Und trotz meiner in früher Jugend mit dem Eisen 3 und dem Eisen 5 erworbenen Fähigkeit zu improvisieren, spiele ich heute meine Chips mit den unterschiedlichsten Schlägern, den Eisen 4, 6, 8 oder 9 sowie mit dem Pitching Wedge oder dem Sand Wedge. Jeder dieser Schläger gibt ohne irgendwelches Manipulieren dem Ball einen ganz bestimmten »Carry« und läßt ihn in einer ganz bestimmten Art ausrollen. So weiß ich zum Beispiel, daß ein mit dem Eisen 4 geschlagener Ball bei square ausgerichtetem Schlägerblatt leicht und ohne Handgelenkeinsatz geschlagen, etwa zehn Prozent der Strecke *fliegen* und den Rest *rollen* wird. Ein mit dem Eisen 6 »gechipter« Ball fliegt ein Viertel der Strecke zum Loch, mit dem Eisen 8 etwa vierzig Prozent, mit dem Eisen 9 etwa die halbe Strecke, mit dem Pitching erreicht man ca. sechzig Prozent und mit dem Sand Wedge etwa drei Viertel der Strecke.

Meine Chip-Technik ist ganz einfach. Zunächst wähle ich den Schläger mit dem geringsten Loft. Je weiter der Ball vom Grünrand entfernt liegt und je näher die Fahne an dem mir zugewandten Grünrand steht, desto mehr Loft muß mein Schläger haben.

Ich spiele diese Schläge am liebsten ohne Einsatz der Handgelenke mit einem aus den Armen herausgeführten Pendelschwung, um den Ball bei guter Lage möglichst glatt vom Boden wegzuschlagen. Der Ball fliegt relativ flach und rollt weit aus, während ein mehr aus den Handgelenken herausgeschlagener Ball höher fliegt, weicher aufsetzt und nur ganz kurz zum Loch hin rollt.

Der »Runner«

Einen geraden Run-up-Chip vom Vorgrün spiele ich ohne Handgelenkeinsatz und schwinge den Schlägerkopf so flach wie möglich zurück und wieder »in den Ball hinein«, um diesen so exakt wie möglich zu treffen.

Ich spiele den Ball aus der Mitte zwischen den Füßen, die an den Innenseiten des Absatzes etwa fünfzehn Zentimeter auseinanderstehen. Bei diesem engen Stand ist der ganze Körper näher am Ball, und der Schlag kann leichter kontrolliert werden. Die Stellung am Ball ist offen, die Linie zum Ziel gut im Blickfeld, und die Arme können den Schläger frei »durch den Ball« hindurchschwingen. Die Schultern sind square zur Ziellinie ausgerichtet, Rück- und Durchschwung erfolgen in einer nahezu geraden Bahn. Die Knie sind locker, und das Gewicht liegt während des ganzen Schlages vornehmlich auf der linken Seite.

Mit einem gewöhnlichen »Overlapping«-Griff greife ich den Schläger ziemlich fest, damit die Handgelenke nicht »in den Schlag kommen«, der Ball nicht zu hoch fliegt und nicht zuviel Drall bekommt. Der Schläger wird etwas kürzer gefaßt, die Schlagfläche square zu der Linie ausgerichtet, auf der mein Ball starten soll, und meine Hände befinden sich ein wenig vor dem Ball, so daß der Schlägerschaft leicht nach vorn zum Ziel hin geneigt ist.

Wollen Sie Ihre Chip-Technik verbessern? Versuchen Sie, diese graphische Darstellung im Kopf zu behalten!

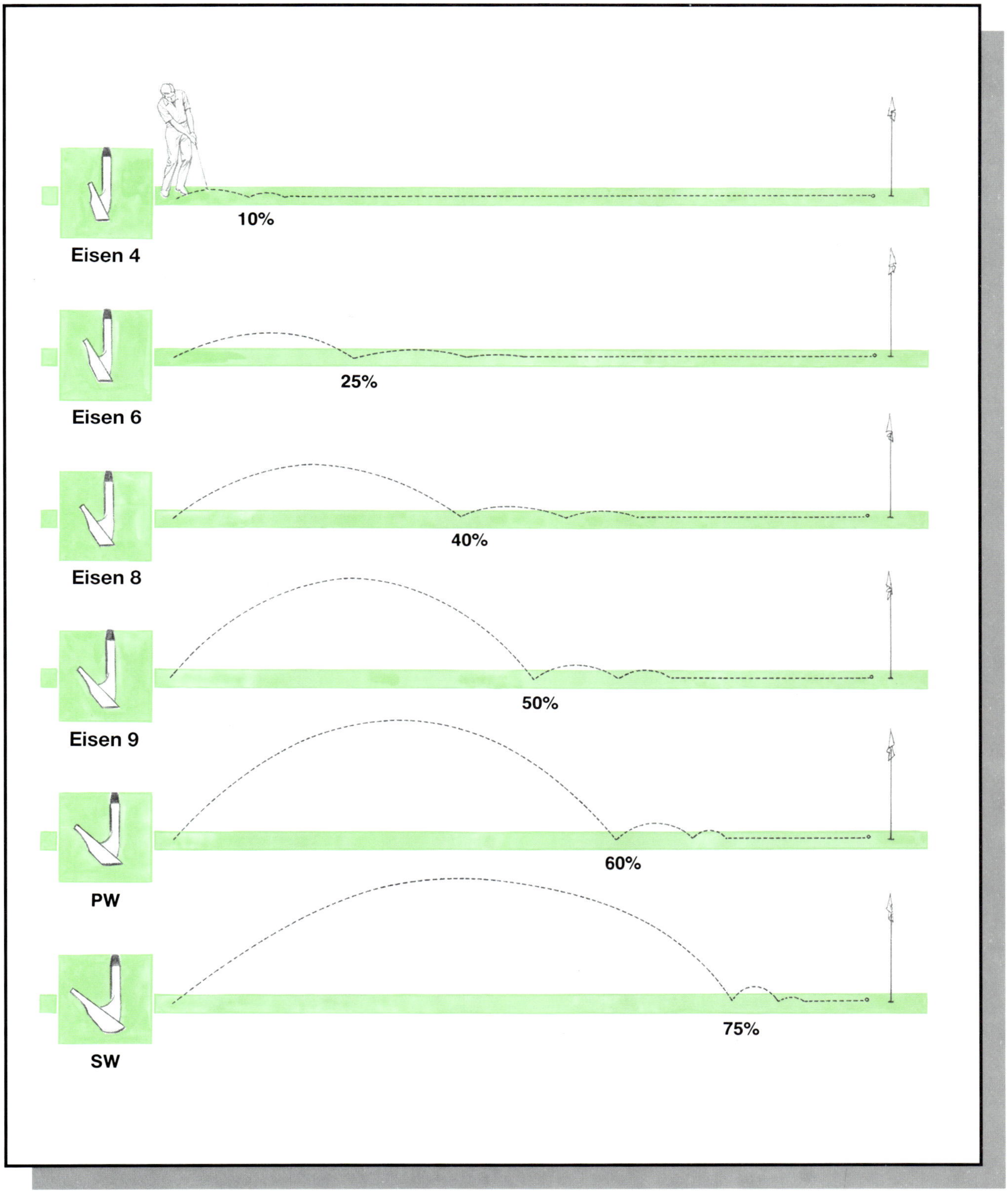
10%
Eisen 4
25%
Eisen 6
40%
Eisen 8
50%
Eisen 9
60%
PW
75%
SW

Beim Running Chip gehören ein ruhig gehaltener Kopf während des Rückschwungs und feste Handgelenke während des ganzen Bewegungsablaufs zu den Erfolgsvoraussetzungen.

In dem Bestreben, den Schwung so natürlich wie möglich ablaufen zu lassen, werde ich Hüften und Knie ein wenig in den Schlag hineindrehen. Die Handgelenke sollten beim Runner dagegen möglichst passiv bleiben, um den Flug des Balls nicht im letzten Augenblick noch zu sehr zu forcieren. Ein Abwinkeln der Handgelenke im Rückschwung hätte außerdem zur Folge, daß der Rückschwung zu steil und der Schlag mehr von oben »in den Ball hinein« als »durch« ihn hindurchginge. Der Ball flöge zu hoch und hätte zu viel Backspin.

Beim Rückschwung halte ich den Kopf still, drehe das linke Knie ein wenig nach innen und ziehe den Schläger mit der rechten Hand auf der Linie zum Ziel gerade vom Ball weg.

Beim Abschwung ziehe ich den Schläger mit der linken Hand nach unten und »durch den Ball« hindurch. Die rechte Hand darf nicht zu sehr in den Schlag einwirken, weil der Ball sonst nach links verzogen würde. Das rechte Knie dreht sich zum Ziel und der Schlägerkopf wird sozusagen »durch den Ball hindurchgewischt«. Im Treffmoment sind die Hände etwas vor dem Ball, so daß ich ihn kurz vor dem tiefsten Punkt der Schwungbahn des Schlägerkopfes treffe.

Der »Floater«

Der natürliche Loft des Sand Wedge reicht meistens aus, um den Ball auch aus einem dichten Vorgrüngras oder aus sonstigen schlechten Lagen herauszuschlagen. Mit der oben beschriebenen Schlagtechnik wird der Ball aber nach dem Aufsetzen wahrscheinlich zu weit rollen. Der Ball muß also mehr Backspin bekommen, um weicher und näher an der Fahne landen zu können.

Man spielt den Ball vom linken Fuß, bei engem Stand; Füße, Knie, Hüften und Schultern sind nach links vom Ziel ausgerichtet. Auf diese Weise bleibt der Körper im Treffmoment hinter dem Ball, und die Schwungbahn des Schlägerkopfes verläuft von außen nach innen, so daß der Ball einen Linksrechtsdrall erhält.

Um den Schläger nicht im Treffmoment »zuzudrehen«, bleibe ich mit den Händen etwas hinter dem Ball und verlagere mein Gewicht mehr nach rechts.

Beim Rückschwung ziehe ich den Schläger mit der rechten Hand steil nach außen hoch. Im Abschwung bleibt das Gewicht rechts, und ich ziehe den Schläger wiederum primär mit der rechten Hand von oben »in den Ball hinein«; versuche dabei mit dem Schlägerblatt unter dem Ball hindurchzuschneiden und die Hände im Treffmoment *hinter* dem Ball zu lassen.

Diese Technik ist wesentlich komplizierter und auch riskanter als die des Running Chips. Der »Floater« ist sozusagen ein »Kunstschlag«, den man hauptsächlich mit den Händen gestalten muß. Dagegen ist der »Runner« ein rein mechanisch ablaufender Schlag; die Hände bleiben passiv, und bei einem simplen Pendelschwung aus den Armen heraus erledigt der Schläger den größten Teil der Arbeit selbst.

»Experten für Schläge rund um das Grün« müssen notgedrungen beide Varianten beherrschen, und da hilft nur üben, üben und nochmals üben.

Bemühen Sie sich um eine harmonisch ablaufende Routine

Amateure mit höherem Handicap neigen dazu, ihre Vorbereitungen auf einen Chip zu überhasten, während gute Spieler sich viel Zeit lassen, um die Situation genau zu analysieren, den richtigen Schläger zu wählen und sich zu überlegen, wie sie den Ball am einfachsten nahe ans Loch schlagen können.

Meine Routine schließt jedes Überhasten aus. Ich sehe mir die Lage des Balles an, dann die Entfernung zum Loch; danach stelle ich mir genau vor, wie ich den Ball spielen will und wähle den dazu passenden Schläger aus. Ich mache ein paar lockere Probeschwünge, um das Gefühl für den Schlag und den Einsatz des rechten Arms und der rechten Hand zu bekommen, bis ich sicher bin, wie ich den Ball schlagen werde.

Versuchen Sie den »Reverse Overlapping Griff«

Kurze Chips ähneln einem gut geschlagenen langen Putt, nur daß der Ball einen Teil der Strecke fliegt. Der Schlag erfolgt daher auch aus den Armen und Schultern heraus ohne bewußten Einsatz der Handgelenke.

Sie könnten daher, wie die Tour-Pros, den für das Putten so beliebten »Reverse Overlapping Griff« auch für kurze

Chips anwenden. Legen Sie dazu einfach den Zeigefinger der linken Hand zwischen den kleinen Finger und den Ringfinger der rechten, also »reverse« im Vergleich zum normalen »Overlapping Griff«. Auf diese Weise kann die rechte Hand den Schlag gut kontrollieren.

Der richtige Druck der Hände am Schlägerschaft

Der Druck der Hände ist wichtig für ihren Einsatz und damit den Ablauf des ganzen Schwunges. Ist der Druck der Hände zu schwach, wirken die Handgelenke zu sehr auf den Schlag ein. Da der Running Chip aber unbedingt *ohne Einsatz* der Handgelenke gespielt werden soll, ist ein fester Griff zu empfehlen, der Hände und Handgelenke ruhigstellt. Umgekehrt ist es beim Floater. Hier greifen Sie den Schläger nur leicht, damit die Hände den Ball in die Luft schlagen können.

Stellen Sie sich nahe an den Ball, um den Schlag gut kontrollieren zu können. Stehen Sie zu weit vom Ball und müssen Sie sich im Schlag nach ihm strecken, so erschweren Sie sich dadurch beim Chip die Kontrolle über Länge und Richtung des Schlags, außerdem verlieren Sie leicht die Balance. Je weiter Sie vom Ball wegstehen, desto flacher wird der Schwungbogen und desto schwerer ist es dann, das Schlägerblatt im Treffmoment square »in den Ball« hineinzuschwingen.

Es empfiehlt sich also, näher am Ball zu stehen und den Schläger etwas kürzer zu greifen. Der Stand ist eng und leicht offen, die Arme hängen lose am Körper herunter, während Sie das Schlägerblatt square ausgerichtet hinter den Ball setzen. Die Knie sind locker, und Sie biegen sich aus den Hüften nach vorn.

Bleiben Sie locker

Ein Aufrichten des Körpers im Durchschwung wäre genauso verhängnisvoll wie das Aufschauen vom Ball. Wenn Sie sich aufrichten, gehen auch Ihre Hände hoch, so daß der Schlägerkopf den Ball nur noch in der oberen Hälfte trifft. Bleiben Sie also unbedingt in Ihrer leicht gebeugten, gut ausbalancierten Haltung, und *behalten* Sie dieselbe unverändert bis nach dem Treffmoment bei.

Verhindern Sie das Schwanken Ihres Körpers

Der Spieler macht beim Chip häufig den Fehler, mit seinem Körper im Rückschwung nach rechts zu schwanken. Bei dem Versuch, dies auszugleichen, schlägt er im Abschwung dann zu schnell nach dem Ball und wird ihn meistens toppen.

Man kann zu starkes Schwanken dadurch verhindern, daß man den rechten Fuß mehr oder weniger fest »verankert«, so daß er wie ein Prellbock wirkt.

Benutzen Sie für einen kurzen Chip nach Möglichkeit den Putter

Ein Chip muß schon sehr gut sein, wenn er einem guten Putt gleichkommen will. Verwenden Sie also bei Schlägen vom Vorgrün möglichst den Putter, es sei denn, daß Sie von einem hoch gespielten Ball eine klare, Ihnen vertraute Vorstellung haben.

Achtung bei »hängenden Lagen«!

Beim Chip hangabwärts verringert sich der Loft des Schlägerblattes, und der Ball fliegt häufig zu weit. Umgekehrt ist es beim Chip hangaufwärts. Der effektive Loft wird stärker, der Ball fliegt höher und kürzer.

Im ersten Fall empfiehlt sich daher ein Schläger mit etwas mehr, im zweiten Fall einer mit etwas weniger Loft.

Chips von einer kahlen Bodenstelle

Bei einer solchen Lage fürchten viele Amateure, daß der Schlägerkopf noch vor dem eigentlichen Treffmoment vom Boden abprallt und der Ball daraufhin getoppt wird. Das läßt sich verhindern, indem man den Ball mehr vom rechten Fuß spielt, die Hände beim Ansprechen vor dem Ball hat, und mit dem Pitching Wedge von oben direkt »in den Ball« schlägt.

Der Loft ist dann ähnlich dem eines Eisen 8, und der Ball wird nach dem Aufsetzen wie bei einem Putt ausrollen. Das höhere Gewicht des Schlägerkopfes beim Pitching Wedge bringt außerdem noch den Vorteil, daß man kürzer ausholen, mit weniger Kraft schlagen und den ganzen Chip somit besser kontrollieren kann.

Den Ball hoch aus tiefen Lagen schlagen

Liegt der Ball tief im weichen Gras eines Vorgrüns und ist es auf dem Grün noch weit bis zur Fahne, so gibt es zwei Schläge – eigentlich Trickschläge –, um den Ball heraus und ans Loch zu bekommen: 1. Machen Sie mit dem Putter einen kurzen, steilen Schlag *aus den Handgelenken* heraus auf das hintere obere Viertel des Balles. 2. Machen Sie mit dem Sand Wedge einen ganz ruhigen Pendelschlag, indem Sie mit der Vorderkante des Schlägerblattes über das Gras wischen und den Ball gerade *über seiner Mitte* treffen. In beiden Fällen wird der Ball genügend Topspin erhalten, um auch durch zunächst dichtes Gras bis zum Loch zu rollen. (A.d.Ü.: Beide hier beschriebenen Methoden dürften für den Amateur nur schwer nachzuvollziehen und ein gewöhnlicher Chip wahrscheinlich die bessere Lösung sein.)

So vermeiden Sie, daß aus Ihrem Chip ein Push oder Pull wird

Liegt der Ball zu nahe am linken Fuß, so sind Ihre Hände zu weit hinter dem Ball; Ihr Schlägerblatt wird im Treffmoment nach links weisen und Ihr Ball als Hook nach links gehen. Liegt der Ball dagegen zu nahe am rechten Fuß, so befinden sich Ihre Hände zu weit vor dem Ball, das Schlägerblatt ist im Treffmoment »offen«, und Ihr Ball fliegt nach rechts.

Als Faustregel gilt, daß der Ball beim Chip nie weiter links als vor dem linken Absatz und nie weiter rechts als vor der Mitte des Standes liegen sollte.

Schlagvarianten mit unterschiedlichen Schlägern

Kahle Stellen, dünnes oder dichtes Gras, Hanglagen, schnelle oder langsame Grüns, verschiedene Entfernungen – jede Variante und Kombination von Varianten verlangt eine besondere Schlägerwahl. Greifen Sie also nicht automatisch zu Ihrem »Lieblingsschläger«! Sobald Sie den normalen Chip beherrschen, sollten Sie den Schlag mit verschiedenen Schlägern aus unterschiedlichsten, besonders schlechten Lagen üben, um Erfahrungen zu sammeln und für alle denkbaren Situationen gewappnet sein.

Diagramm von verschiedenen Schlägern

Machen Sie auf dem Übungsplatz mit allen Chipping-Schlägern den gleichen Schlag mit passiven Handgelenken, und markieren Sie den Landepunkt des Balles bei Schlägen vom Sand Wedge bis zum Eisen 4. Wiederholen Sie dies dann so lange, bis Sie mit allen Schlägern ein sicheres Gefühl für die Länge Ihres Carry bekommen, und bilden Sie daraus ein Diagramm.

Erfahrung ist der Schlüssel zum Erfolg

Wie bei allen anderen Schlägen, ist auch beim Chippen letzten Endes Erfahrung der Schlüssel zum Erfolg. Es gibt keine allgemeingültige Regel, wie weit man für einen bestimmten Chip den Schläger zurückschwingen, mit welchem Tempo man ihn »durch den Ball« hindurchschwingen soll. Man kann dies nur so lange üben, bis man ein sicheres Gefühl dafür bekommt, wie weit man im einzelnen Fall mit dem jeweiligen Schläger den Ball durch die Luft schlagen soll, und wie weit er ausrollen wird. Dieses sichere Gefühl manifestiert sich für den Spieler in einer zuverlässigen Koordination von Augen und Händen.

BALLESTEROS

Kapitel 8

Das Putten

Da Sie selbst Golfer sind, brauche ich Ihnen wohl kaum zu sagen, daß die scheinbar so einfache Aufgabe, einen Ball mit einem Durchmesser von 4,2 Zentimeter über eine glatte Grünfläche in ein Loch mit einem Durchmesser von 10,63 Zentimeter zu befördern, in Wirklichkeit ein hohes Maß an Können und eine gehörige Portion Glück erfordert.

Nach dem Aufwärmen auf dem Übungsplatz kann ich für den jeweiligen Tag mein Spiel vom Abschlag bis zum Grün im allgemeinen ziemlich genau vorhersagen. Aber selbst nach konzentrierter Arbeit auf dem Übungsgrün habe ich keine Ahnung, ob mein Putter an diesem Tag »so heiß sein wird wie eine Pistole oder so kalt wie Eis«. Manchmal geht auf dem Übungsgrün alles daneben und auf der Runde jeder Putt ins Loch. Und an einem anderen Tag bin ich auf dem Übungsgrün der große Meister, und auf der Runde bleiben die Bälle am Lochrand hängen, springen heraus, rollen über die Lochkante oder bleiben zu kurz.

An guten Tagen scheint es fast so zu sein, als könnte ich den Ball ins Loch zwingen. Dann ist mein Selbstvertrauen so groß, daß ich selbst schwierige und gefährliche Schläge direkt auf die Fahne spiele. Selbst wenn mein Drive dann nicht die Spielbahn und der Annäherungsschlag nicht das Grün erreicht, so weiß ich doch, daß der Putter mich wieder »herausreißen« wird.

An schlechten Tagen bin ich dagegen schon beim Drive so unter Druck, um den Ball nur ja auf dem Fairway zu halten oder ihn beim Approach möglichst nahe an die Fahne zu spielen, daß ich überall hinschlage, nur nicht auf die Bahn. An solchen Tagen wird mir wieder klar, warum Gene Sarazen so sehr für ein größeres Loch plädiert hat. Manchmal möchte ich meinen getreuen Ping-Putter in die Ecke feuern und mein Putten von Grund her neu aufbauen. Aber dann denke ich doch immer wieder an den alten Merksatz: *Meist liegt es weder am Putter noch am Schlag!*

Dave Pelz, Berater des amerikanischen »Golf Magazine«, hat nachgewiesen, daß selbst ein Roboter, der auf einem Turniergrün zahlreiche Bälle auf der gleichen Linie zur Fahne puttet, nicht alle ins Loch bekommt. Winzige Unebenheiten, auch auf dem besten Grün, sind dafür verantwortlich. So kommt es, daß selbst die besten Putter unter den Pros auf eine Entfernung von dreieinhalb bis neun Metern nur etwa achtzehn Prozent ihrer Bälle einlochen. Gary Player hat schon recht, wenn er das Putten als »unpräzise Wissenschaft« bezeichnet.

Wie die meisten Tour-Pros stehe ich viele Stunden auf den Übungsgrüns, im Bemühen, den Schlag harmonisch und fließend zu erhalten, und in der ständigen Erwartung einer »Erleuchtung«, wie ich es noch besser und zuverlässiger machen könnte. Bei meinen Reisen um die Welt lerne ich immer wieder neue Konzeptionen des Puttens kennen, und es ist interessant, wie viele davon erfolgreich sind. So spielt Bernhard Langer zum Beispiel alle Putts unter sieben Metern »cross-handed« (rechte Hand über der linken) und alle längeren mit dem gewöhnlichen Griff, während Bruce Lietzke sämtliche Putts »cross-handed« spielt. Bei Corey Pavin verdeckt die linke Hand die rechte am Schlägerschaft völlig, während Hubert Green sich tief über den Ball beugt, die Hände am Schlägerschaft auseinander hat, und den Schläger auf eine höchst ungewöhnliche Weise »durch den Ball« hindurchschwingt. Payne Stewart steht aufrecht am Ball,

Beim Ansprechen liegt mein Schlägerblatt nur halb auf dem Boden auf. Mir erscheint es so am angenehmsten und sichersten – und das sind schließlich die wichtigsten Voraussetzungen für einen guten Putt.

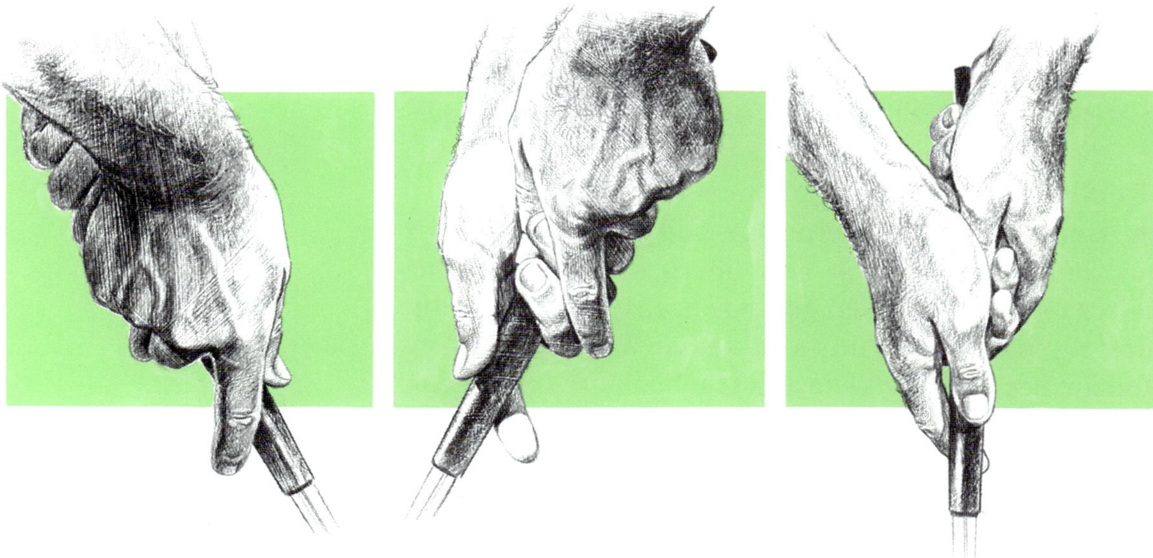

Das sicherste Gefühl für das Schwingen des Putters bekomme ich, wenn der linke Zeigefinger über dem zweiten und dritten Finger der rechten Hand liegt und beide Daumen auf dem Schaft gerade ausgestreckt sind. Der unter den Griff gebogene rechte Zeigefinger gibt mir das Empfinden für die richtige Länge meines Putts.

und die Sohle seines Putters liegt beim Ansprechen nur mit der Spitze auf dem Boden auf. Dagegen zeigt die Spitze des Putters bei Isao Aokis Ansprechen noch weiter nach oben als bei mir. Mac O'Grady spielt rechtshändig und puttet linkshändig. Fuzzy Zoeller hält seine Hände sehr tief und weit ab vom Körper, während sie bei Ray Floyd hoch und ganz nah am Körper sind. Andy North fühlt sich nur dann wohl, wenn die Füße weit auseinander stehen, während Calvin Peete sie dicht beisammen hat. Danny Edwards starrt beim Schlag aufs Loch, während die meisten Spieler auf die Rückseite des Balles sehen, einige auf den Ball als Ganzes, andere auf eine bestimmte Stelle davon. Ben Crenshaw und ich unterscheiden uns in diesem Punkt ganz wesentlich von den anderen, da wir mehr auf das Schlägerblatt als auf den Ball schauen. Johnny Miller spielt seine Putts kurz und hart wie einen Punch, während Fred Couples ganz aus den Handgelenken heraus puttet. Tom Watson puttet völlig ohne Handgelenkeinsatz, nur aus den Armen und Schultern heraus, während Jack Nicklaus und ich die Kombination eines Schlages aus den Armen und Handgelenken heraus bevorzugen.

Putten ist die subtilste Technik des Golfspiels. Alle Spitzen-Pros beachten jedoch bei allen individuell unterschiedlichen Stilen gewisse Grundregeln, deren Kenntnis ich Ihnen im folgenden vermitteln möchte. Scheuen Sie sich aber nicht, Ihrem Instinkt zu folgen und gegebenenfalls eigene Wege zu gehen.

Vor dem Schlag

Wenn ich auf ein Grün zugehe, verschaffe ich mir aus einer Entfernung von etwa zehn Metern den ersten Eindruck von den Bodenwellen. Vor allem in der Nachmittagssonne kann man sie aus dieser Entfernung am besten erkennen.

Wenn ich dann meinen Ball aufnehme und markiere, schaue ich mir die Linie zum Loch an und überlege dabei, welche Schwierigkeiten es zu überwinden gilt. Als nächstes sehe ich mir die Linie des zu spielenden Putts von beiden Enden und von beiden Seiten an, um auch die kleinsten Unebenheiten zu erkennen. Hinter dem Ball stehend bilde ich mir dann mein endgültiges Urteil über den Weg des Balles, Art und Wachstum des Grases, und die Geschwindigkeit. Dabei hilft mir mein Caddie, der mit mir die Puttlinie studiert.

Dann schwinge ich den Putter nur mit der rechten Hand ein paarmal hin und her, um herauszufinden, wie stark ich den Ball schlagen muß. Als kleine Vertrauensspritze stelle ich mir zum Schluß dann genau vor, wie der Ball mit der richtigen Geschwindigkeit auf der richtigen Linie zum Loch läuft und darin verschwindet.

Der Griff

Man sollte ruhig mit verschiedenen Möglichkeiten, den Schläger zu greifen, experimentieren, bis man *die* Methode gefunden hat, von der man glaubt, sie stets wiederholen zu können.

Sollten Sie sich für meinen Kombinationsschwung (Arm plus Handgelenkeinsatz) entscheiden, so werden Sie feststellen, daß meine Art, den Schläger zu greifen, zwar etwas unorthodox, aber nicht schlecht ist. Ich habe wirklich mit allen nur denkbaren Variationen experimentiert und dabei herausgefunden, daß dieser Griff mir in meinen Händen das sicherste Gefühl und die beste Kontrolle vermittelt.

Der so beliebte »Reverse Overlapping Griff« ist für mich weniger geeignet, weil ich mit ihm meine Handgelenke überhaupt nicht einsetzen kann. Sie bestimmen aber bei mir die Länge des Putts. Lege ich den linken Zeigefinger am Schaft jedoch *abwärts* über die letzten drei Finger der rechten Hand, so kann ich die Handgelenke gerade so stark einsetzen, daß das linke Handgelenk im Treffmoment nicht zu sehr nachgibt.

Bei meinem Putt-Griff sind der Rücken der linken und die Innenfläche der rechten Hand square zur Linie zum Ziel ausgerichtet, genau wie bei meinem vollen Schwung. Ich halte das für sehr wichtig, weil man mit einem schwachen Griff (Hände am Schaft nach links gedreht) das Schlägerblatt im Treffmoment eher aufdreht und mit einem starken Griff (Hände am Schaft nach rechts gedreht) entsprechend zudreht. Die beiden gerade am Schaft liegenden Daumen tragen auch dazu bei, daß ich mein Schlägerblatt square »in den Ball« hineinschwinge.

Primär halte ich den Schläger im Ballen der linken Hand, weil sie für mich der Angelpunkt des Schlages ist. Aus dem gleichen Grund drückt auch der linke Daumen etwas fester auf den Schaft. Rechts halte ich den Schläger mehr mit den Fingern und drücke den Daumen auch nur leicht auf den Schaft, um ein möglichst feines Gefühl für den Schlag zu bekommen. Im Schlag lenkt die linke Hand dann das Schlägerblatt, während die rechte es vom Ball wegzieht und im Abschwung »durch den Ball« hindurchschwingt.

Ungewöhnlich ist bei mir der unter den Schaft gebogene rechte Zeigefinger. Dieser Finger ist so sensitiv, daß ich mit ihm im Durchschwung die Länge meines Putts steuern und kontrollieren kann.

Das Ansprechen des Balles

Viele Amateure begehen den Fehler, die Puttstellung eines Tour-Pros kopieren zu wollen, die aber nur in den seltensten Fällen auch für sie wirklich geeignet ist. Sie können auf die Dauer niemals ein guter Putter werden, wenn Sie nicht in einer *für Sie persönlich* günstigen Stellung am Ball stehen. Darauf sollten Sie stets bedacht sein.

Die Erfahrung lehrte mich, daß man nur dann bequem am Ball steht, wenn man dauernd zu kleinen Veränderungen bereit ist.

Manchmal kommt mir mein Putter sehr lang vor, dann greife ich ihn eben etwas kürzer. Mal stehe ich lieber nicht square, sondern etwas offen, mal etwas aufrechter, und mal spiele ich den Ball mehr vom linken oder rechten Fuß. Scheuen also auch Sie sich nicht vor solchen kleinen Korrekturen, sei es von Tag zu Tag, von Loch zu Loch oder sogar von einem Putt zum anderen. Glauben Sie mir, die meisten Spitzenspieler praktizieren dies mit großem Erfolg.

Abgesehen von diesen kleinen persönlichen Variationen gibt es zwei Grundprinzipien, die eigentlich jeder große Spieler beim Ansprechen des Balles beachtet und die auch für Sie wichtig sein dürften. Das erste absolute »Must« ist eine ruhige Körperhaltung. Ob Sie gerade am Ball stehen wie Ben Crenshaw, mit dem Gewicht gleichmäßig auf beiden Absätzen; oder sich über den Ball beugen wie ich, mit dem größten Teil des Gewichts auf der Außenseite des linken Fußes; oder mit einwärts gedrehten Füßen wie Arnold Palmer, Sie müssen lernen, während des ganzen Schlages, angefangen beim Ansprechen, den Körper absolut still zu halten. Sie werden niemals einen guten Putter sehen, der schon beim Ansprechen oder auch beim Schlag irgendwie hin und her schwankt.

Ich wünschte, ich wäre diesem Rat selber besser gefolgt, als ich 1987 bei den Masters am zweiten Loch im Stechen gegen Larry Mize und Greg Norman einen kurzen Putt zum Par ausließ. Der Ball lag zu weit am linken Fuß, und um das auszugleichen, bewegte ich meinen Kopf etwas nach links. Diese kleine Bewegung reichte aus, meine Schultern, Arme und das Schlägerblatt zu verdrehen und den Putt nach links zu verziehen. Es war eine äußerst schmerzliche Lektion, die mich daran erinnerte, daß man *hundertprozentig bequem* am Ball stehen muß, wenn man seinen Körper im Schlag wirklich stillhalten will.

Das zweite »Must« betrifft die Haltung des Kopfes. Ihr besseres Auge sollte direkt über dem Ball, oder beide Augen hinter dem Ball auf der Linie zum Ziel sein. Das müssen Sie auf dem Übungsgrün ausprobieren. Es kommt nur darauf an, daß Sie die Linie zum Loch sehen und das Schlägerblatt square dazu ausrichten.

Wenn meine Augen direkt über dem von der Innenseite des linken Absatzes gespielten Ball sind, so ist das für mich nicht sehr angenehm. Ich konzentriere mich dann zu sehr auf den Ball und zu wenig auf die Puttlinie, und mein Schlag wird nicht fließend, sondern eher ruckartig.

Deswegen richte ich meine Augen bei kurzen Putts, innerhalb von etwa vier Metern, auf einen Punkt knapp hinter dem Ball auf der Linie zum Ziel, weil ich so die Linie besser sehe und das Schlägerblatt einfacher ausrichten kann. Das letztere ist besonders wichtig, weil es einem zum nötigen Selbstvertrauen verhilft.

Bei langen Putts ist mein Vorgehen etwas ungewöhnlicher. Je länger die Puttstrecke ist, desto weiter schwingt der Schlägerkopf im Rückschwung nach innen. Es könnte sich also die Notwendig-

Wie die meisten guten Putter halte ich den Kopf ruhig und schwinge den Schlägerkopf flach am Boden zurück und ebenso »durch« den Ball hindurch.

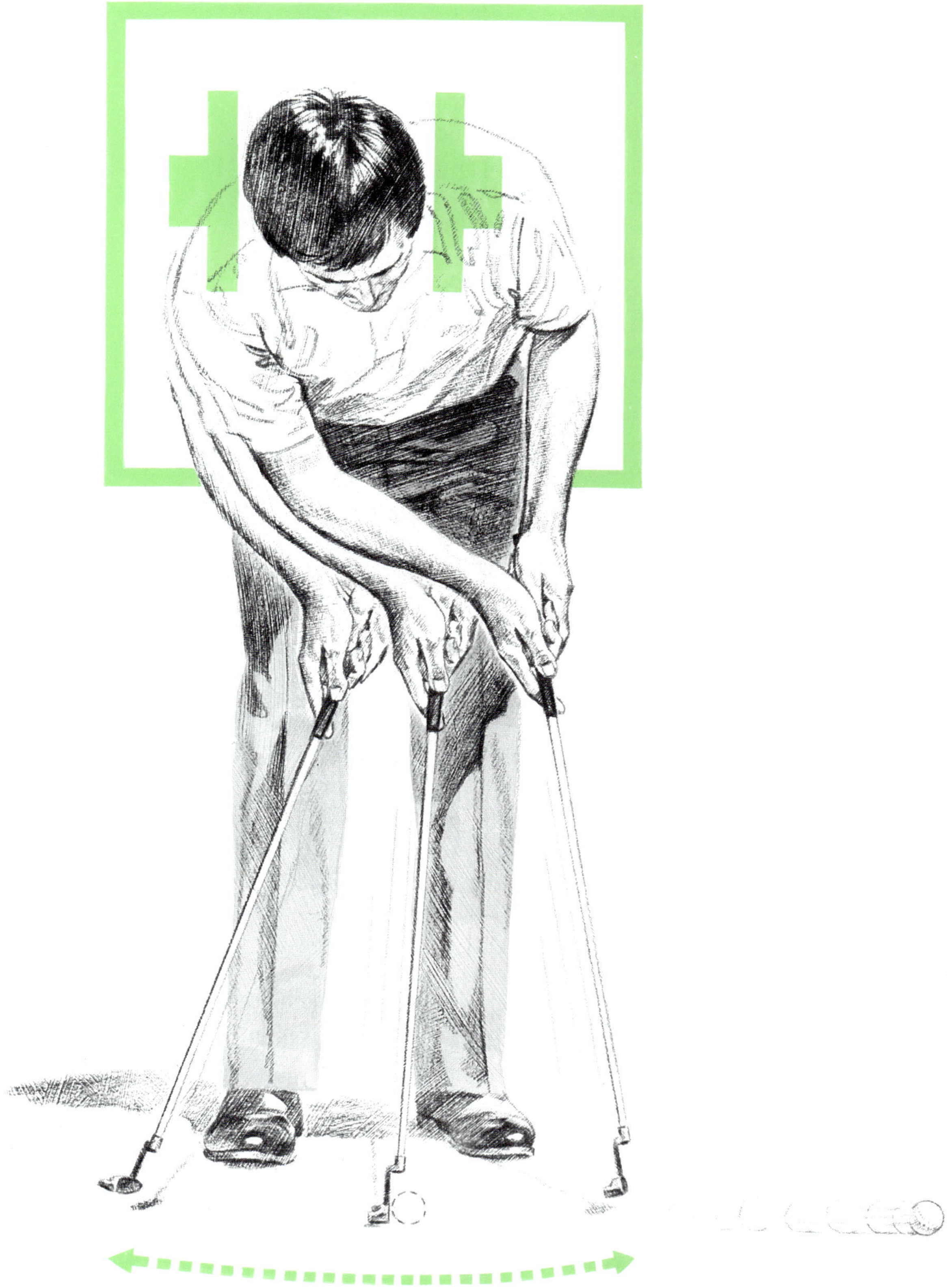

keit ergeben, kleine Fehler in der Ausrichtung des Schlägerblattes im Abschwung auszugleichen. Das kann ich aus den Augenwinkeln aber leichter erkennen, wenn meine Augen schon beim Ansprechen etwas innerhalb der Linie zum Ziel sind und nicht direkt über ihr. Diese Technik bedingt natürlich jahrelanges Üben, und ich würde sie nur dem erfahrenen Spieler empfehlen.

Was den Stand angeht, so setze ich meine Füße etwas weniger als schulterbreit auseinander. Die Fußspitzen sind leicht nach außen gedreht, weil ich dann die Linie zum Loch besser erkenne.

Dennoch wird der Körper square ausgerichtet. So fällt es mir leichter, den Putter auf der korrekten Schwungbahn zurück- und durchzuschwingen. Wie bei den meisten Pros, hängt auch bei mir der linke Arm frei herunter, während der rechte Ellbogen sich an die rechte Hüfte lehnt. Das hilft mir, den Schlägerkopf im Rückschwung etwas nach innen zu schwingen, während der frei schwingende linke Arm den Schlägerkopf im Durchschwung in Zielrichtung zieht.

Der Schlag

Mein Putt hängt primär davon ab, wie ich beim Ansprechen am Ball stehe. Ist diese Ausgangsstellung in Ordnung, so leite ich den Rückschwung dadurch ein, daß ich den Schläger mit der rechten Hand leicht vom Ball wegziehe. Danach geht dann alles weitere eigentlich von selbst, und ich habe nie das Gefühl, irgendeinen Teil des Schlages besonders forcieren zu müssen.

Beim Rückschwung versuche ich, den Schlägerkopf flach am Boden und leicht nach innen zurückzuschwingen. Bleibt mein Körper beim Rückschwung vollständig still und das aus Armen und Schultern beim Ansprechen gebildete »V« erhalten, so gelingt der Schlag wie ich ihn mir vorgestellt habe.

Beim Abschwung bemühe ich mich, das Schlägerblatt square »in den Ball« hinein- und auf der Linie zum Ziel mit ausreichender Geschwindigkeit »durch ihn hindurch« zu schwingen. Die linke Hand führt im Durchschwung, das linke Handgelenk bleibt fest, und der Rücken der linken Hand zeigt zum Ziel.

Die rechte Hand sorgt für die nötige Kraft und schiebt den Schlägerkopf flach am Boden »durch« den Ball hindurch. Je länger der Putt, desto stärker der Einsatz der rechten Hand. So arbeiten beide Hände harmonisch zusammen, jede in der ihr zugewiesenen Rolle.

Golf ist in jeder Beziehung ein schwer zu beherrschender Sport, besonders aber beim Spiel auf den Grüns. Auch bei den besten Golfern wechseln Erfolg und Mißerfolg beim Putten viel häufiger und dramatischer, als bei irgendeiner anderen Spieltechnik, und darum wird man es immer wieder erleben, wie sie mit einer neuen Technik oder Taktik herumexperimentieren. Mir geht es ebenso, und ich werde hoffentlich auch weiterhin experimentieren, so lange ich Golf spiele.

Beschleunigung

Die Beschleunigung muß gerade beim Putten »weich« einsetzen. Wenn ich beim Rückschwung zu langsam und beim Durchschwung daraufhin zu schnell schwinge, dann versuche ich mich an den Pendelschlag einer großen Standuhr zu erinnern und beim Rückschwung »eins« und beim Durchschwung »zwei« zu zählen.

Das hindert mich dann daran, mit dem Abschwung zu beginnen, bevor der Rückschwung wirklich beendet ist. Außerdem bewirkt dies, daß ich den Schlägerkopf im Durchschwung »weich« beschleunige. Auf diese Weise wird der Ball exakt getroffen, rollt sicher und nicht zu kurz auf seiner Puttlinie.

Druck der Hände am Schlägerschaft

Ein leichter Griff begünstigt den Einsatz der Hände und Handgelenke, während ein fester dies eher verhindert. Wer aus dem Handgelenk puttet, wird seinen Schläger daher leicht greifen, wer den Putter nur aus den Armen und Schultern heraus schwingt, wird fester greifen.

Spieler wie ich, die aus den Handgelenken und Armen heraus putten, sollten den Schläger mit der linken Hand eher fest greifen (starker Daumendruck), mit der rechten Hand leichter (schwächerer Daumendruck).

Der »Sweetspot«

Die meisten modernen Putter haben zur Kennzeichnung des Sweetspots am Schlägerkopf einen Punkt, eine Kerbe oder einen Pfeil, der das Ausrichten des Schlägerblattes erleichtert. Sie sollten immer bemüht sein, den Ball mit diesem sogenannten Sweetspot zu treffen, weil er dann am besten rollt und auf der Linie bleibt.

An älteren Puttermodellen können Sie eine solche Markierung auch selbst anbringen. Um den Sweetspot zu bestimmen, halten Sie den Putter zwischen Daumen und Zeigefinger am Griff-Ende so vor sich, daß das Schlägerblatt vor Ihrer Brust ist. Mit einem Bleistift oder Holztee klopfen Sie dann an verschiedenen Stellen leicht gegen das Schlägerblatt. Treffen Sie es im Sweetspot, so wird der Schläger wie ein Pendel gerade von Ihnen weg- und wieder zurückschwingen ohne seitlich auszuweichen. An dieser Stelle bringen Sie die Markierung an.

Flach am Boden bleiben

Fällt es Ihnen schwer, den Schlägerkopf flach zurückzuschwingen, so setzen Sie ihn beim Ansprechen einmal fünf Zentimeter hinter den Ball und beginnen den Rückschwung von dort. So wird es Ihnen leichter fallen, den Schlägerkopf weich und flach am Boden auf der Linie zum Ziel zurückzuschwingen.

Die »Geometrie« des Schlages

Viele Golfer sind der irrigen Ansicht, daß der Schlägerkopf beim Putten gerade zurück- und gerade »durch den Ball« hindurchgeführt würde.

Tatsächlich schwingt der Schlägerkopf wie bei jedem anderen Golfschlag nur ein ganz kurzes Stück gerade zurück und dreht dann ganz natürlich nach innen ab. Zwingt man sich aber dazu, den Schläger ausschließlich auf der Linie zum Ziel zurück- und durchzuschwingen, so führt das unweigerlich zu Verspannungen in Händen und Armen. Außerdem schwingt der Schlägerkopf dabei steil hoch und ebenso wieder »in den Ball« hinein, und das ergibt niemals einen guten Putt.

Lassen Sie deshalb den Schlägerkopf im Rückschwung ganz natürlich nach innen abdrehen. Sie werden den Ball sauber treffen, und er wird dann auch auf der Puttlinie bleiben.

Langer Schwung (Ansicht mit Blick aufs Ziel)

Kurzer Schwung (Ansicht mit Blick aufs Ziel)

Die Übung mit der Schiene

Der schlimmste Fehler, den ein Amateur machen kann, besteht darin, daß sein linkes Handgelenk im Treffmoment zum Ziel hin abknickt.

Dadurch dreht sich das Schlägerblatt, und der Ball wird nach links verzogen.

Sie können diesen Fehler vermeiden, indem Sie Ihren linken Unterarm und den Rücken der linken Hand mit einem Plastiklineal und einer elastischen Binde schienen. Üben Sie nun kurze und lange Putts, ohne das Lineal zu verbiegen, und »verinnerlichen« Sie das Gefühl dabei für Ihre Putt-Technik. Auf dem Platz sind solche Hilfsmittel natürlich nicht erlaubt.

Überwinden Sie »Yips«

Das »Yipping« (kurzes, abgehacktes Schlagen mit verdrehtem Schlägerblatt) kurzer Putts rührt häufig daher, daß der Spieler sich zu sehr auf das mögliche Abrollen des Balles konzentriert und zu wenig darauf, den Ball einfach mit einem weichen Schlag ins Loch zu befördern.

Bei Putts über eine Distanz von weniger als sechzig Zentimetern braucht man an ein Abrollen gar nicht zu denken, es sei denn, daß das Grün ungewöhnlich stark »hängt«. Man sollte statt dessen den Ball *entschlossen* auf die Rückseite des Loches spielen.

Dies kann man sich dadurch erleichtern, daß man sich hinter dem Loch eine kleine Zielscheibe vorstellt, auf die man den Schlag »einstellt«.

Eine unbeschwerte innerliche Einstellung

Ich kenne eigentlich nur einen Spieler, Fred Couples, der, anstatt sich zu sagen, »ich *werde* diesen Putt einlochen«, meint: »Wenn ich den Ball einloche, loche ich ihn ein, wenn nicht, dann nicht.« Eine optimistische, gelassene Einstellung befreit uns von innerer Anspannung und nervlichem Druck, sagt er. Da Couples einer der besten Putter ist, die ich kenne, wäre sein Rezept vielleicht einen Versuch wert.

»*Plumb-Bobbing*«

Sollte es Ihnen einmal besonders schwerfallen, die Boden wellen eines Grüns richtig zu lesen, so könnte das »Plumb Bobbing« dabei helfen: Stehen Sie aufrecht hinter dem Ball, und halten Sie den Putter mit ausgestrecktem Arm zwischen Daumen und Zeigefinger am Griff-Ende, so daß er vertikal vor Ihnen hängt. Halten Sie nun den unteren Teil des Schlägerschaftes über den Ball, und schließen Sie dann Ihr schwächeres Auge. Wenn der Schlägerschaft nun das Loch überdeckt, ist der Putt gerade. Sehen Sie den Schaft links vom Loch, so wird Ihr Putt von links nach rechts ablaufen. Umgekehrt wird der Putt nach links ablaufen, wenn Sie den Schaft rechts vom Loch sehen.

Schätzen der Geschwindigkeit

Die meisten Amateure konzentrieren sich so sehr auf die Puttlinie, daß sie das Einschätzen der Geschwindigkeit des Schlages darüber vernachlässigen. Das ist vor allem bei seitlich abfallenden Putts ein großer Fehler, weil sie – zu hoch geschlagen – niemals ihre Linie halten können.

Prüfen Sie zuerst das Grün in der Umgebung des Loches. Es ist im Gegensatz zur gesamten Grünfläche meist festgetreten, so daß der Ball dort leichter und schneller rollt. Kalkulieren Sie diesen Faktor besonders bei langen Putts sorgfältig ein.

Lesen des Graswuchses

Da der Wuchs des Grases – also die Richtung, in die die Halme wachsen – den Putt durchaus beeinflussen kann, sollten Sie in der Lage sein, ihn zu erkennen. Gehen Sie hinter dem Ball in die Hocke, mit Blick auf das Loch. Erscheint die Grasfläche *glänzend,* so wächst das Gras *zum* Loch hin, und der Putt wird *schneller* rollen. Eine *stumpfe* Grasfläche zeigt an, daß das Gras *in Ihre Richtung* wächst, und den Ball etwas *abbremsen* wird.

Langsame Grüns

Auf langsamen Grüns wird man den Ball mit einem schweren Putter besser treffen und weicher schlagen. Bevorzugen Sie

Die Vorstellung einer Zielscheibe hinter dem Loch kann bei kurzen, kritischen Putts sehr hilfreich sein.

jedoch einen leichten Putter, und haben Sie auf langsamen Grüns Schwierigkeiten, den Ball damit ans Loch zu spielen, so versuchen Sie einmal, den Ball in seiner oberen Hälfte, also absichtlich »dünn« zu treffen, um ihm dadurch etwas Topspin zu geben.

Schnelle Grüns

Selbst Spitzenpros fällt es auf extrem schnellen Grüns oft sehr schwer, Stärke und Länge eines Putts richtig einzuschätzen.

Trifft das auch für Sie zu, so versuchen Sie es mal mit einem leichteren Putter, oder nehmen Sie dem Schlag etwas von seiner Kraft, indem Sie den Ball mehr mit der Spitze des Schlägerblattes treffen.

Sehr schnelle und sehr langsame Putts

Wächst das Gras eines hangabwärtsführenden Grüns vom Ball *zum* Loch, und ist es außerdem noch extrem schnell, so stellen Sie sich vor, das Loch läge einen halben Meter näher.

Sie werden den Ball dann nur ganz leicht schlagen und immer noch einen kleinen Spielraum haben, wenn er vorbeigeht.

Das Gegenteil gilt auf einem ansteigenden, langsamen Grün, dessen Gras in Ihre Richtung wächst. Wagen Sie hier einen stärkeren Putt, indem Sie sich vorstellen, das Loch sei einen halben Meter weiter entfernt.

Nasse Grüns

Bedenken Sie, daß der Ball auf triefendnassen Grüns nur halb so stark ablaufen wird wie bei trockenem Boden.

Wind

Starker Wind kann Sie beim Ansprechen des Balles aus dem Gleichgewicht bringen, das Timing Ihres Schlages stören und sogar den Ball von seiner Linie abbringen und seine Geschwindigkeit beeinflussen.

1. Erweitern Sie Ihren Stand, und beugen Sie die Knie etwas.
2. Greifen Sie den Schläger etwas kürzer, um den Schlag besser kontrollieren zu können.
3. Machen Sie einen kürzeren, festeren Schlag, um den Ball hart genug zu treffen.

Wie spiele ich lange Putts ans Loch?

Es erfordert viel Übung und Erfahrung, wenn man lange Putts mit einiger Sicherheit nahe ans Loch spielen will. Mit der nachfolgenden kleinen Übung können Sie Ihre Konzentration mehr auf die Länge des Putts als auf dessen Richtung einstellen. Stellen Sie sich ganz normal an den Ball. Drehen Sie Ihren Kopf dann zum Loch, und blicken Sie auch während des Schlags auf dieses Ziel.

Das mag Ihnen zuerst reichlich merkwürdig vorkommen, nach einigen Versuchen werden aber Ihre Augen die Entfernung besser beurteilen können, und Ihr Gehirn erteilt den Muskeln den Befehl für die korrekte Stärke des Schlages. Nach einer Weile wird dies auch dann der Fall sein, wenn Sie wieder wie gewohnt während des Schlags *auf* den Ball sehen.

Kurze Putts üben

Legen Sie fünf Bälle in Abständen von dreißig Zentimetern auf eine vom Loch ausgehende gerade Linie, und lochen Sie die Bälle hintereinander ein. Geht dabei nur einer daneben, so fängt alles von vorne an, bis alle fünf im Loch sind.

Üben im Zimmer

Es gibt zahllose Geschichten von Tour-Pros, die nach einem Spiel auf dem Teppich ihres Hotelzimmers stundenlang Putts geübt haben, zum Beispiel über Ben Hogan, der aus einer Entfernung von 1,20 Meter ein Stuhlbein hundertmal hintereinander treffen wollte und jedesmal wieder von vorn anfing, sobald er einen Schlag ausließ.

Sollten Sie sich zu dieser Übungsweise entschließen, so empfehle ich ein Ziel von der Größe einer Münze. Auf dem Platz wird Ihnen das richtige Loch dann so groß wie ein »Eimer« vorkommen.

Vor der Runde üben

Ein paar Bälle auf das Übungsgrün zu werfen und sie dann irgendwie auf die dort abgesteckten Löcher zu putten, wird Ihnen für die spätere Runde nicht viel nützen.

Ich halte es für wesentlich besser, auf dem Übungsgrün genauso zu putten wie auf der Runde: mit *einem* Ball, den Sie jedesmal präzise ausputten, anstatt vorbeigegangene Bälle einfach wegzustoßen. Nur so gewöhnen Sie sich daran, jeden Putt auch unbedingt einlochen zu wollen – so wie später auf der Runde.

Ein weit verbreiteter Fehler

Allzu viele schwächere Spieler machen den Fehler, zu Beginn des Ab- und Durchschwungs die rechte Schulter nach außen zu schieben. Der Schlägerkopf schwingt dann zwangsweise von außen nach innen und schiebt den Ball links am Loch vorbei.

Das läßt sich vermeiden. Stellen Sie sich vor, Sie würden versuchen, den Putterkopf selbst bis ins Loch zu schwingen, indem Sie ihn im gesamten Durchschwung auf der Linie zum Ziel halten. Wenn Sie außerdem die rechte Hüfte stillhalten, so wird auch die rechte Schulter »hinter dem Schlag« bleiben.

Machen Sie sich ein klares Bild

Strahlende Sonne kann so blenden, daß Sie die Entfernung zum Loch nicht mehr richtig erkennen. Schatten überhängender Zweige können einen ähnlichen Effekt haben, sogar bei kurzen Putts. Bitten Sie in einem solchen Fall den Caddie, die Fahne zu bedienen.

SPEZIALSCHLÄGE

Kapitel 9

Bunkerschläge

Die meisten Amateure wissen, daß erfolgreiches Bunkerspiel eine besondere Stellung am Ball und einen Schwung bedingt, anders, als bei Schlägen vom Fairway. Aber was macht der Amateur, wenn sein Ball im Bunker liegt? Entweder versucht er, den Ball ohne viel Sand »herauszulöffeln«, oder er schlägt mit aller Kraft hinter dem Ball in den Sand, in der Hoffnung, ihn irgendwie »herauszuexplodieren«, weil das Bunkerspiel sowieso nur etwas für die Pros und für ihn viel zu kompliziert ist.

In Wahrheit ist der gewöhnliche Bunkerschlag überhaupt nicht kompliziert. Meine Technik entspricht genau dem »Instinkt« eines Golfers: den Schläger steil zurückschwingen, die Handgelenke dabei scharf abwinkeln, und Hände und Handgelenke im Ab- und Durchschwung früh einsetzen. Dabei soll jedoch die rechte Hand den Schlägerkopf unter dem Ball hindurchschwingen und nicht wie beim normalen Schlag *über* die linke hinüberrollen.

Als erstes benötigen Sie für das Bunkerspiel den richtigen Schläger – einen Sand Wedge. Dieser Schläger hat einen starken Loft, hohes Kopfgewicht und eine breite, von der Vorderkante nach hinten abfallende Sohle. Der Loft trägt den Ball schnell hoch, das hohe Kopfgewicht verlangt keinen so starken Kräfteeinsatz des Spielers; die breite, schräge Sohlenplatte verhindert durch ihren »Bounce Effekt« (Abprallen), daß der Schlägerkopf sich tief in den Sand gräbt; sie bewirkt vielmehr, daß er unter dem Ball durch den Sand hindurchgleitet.

Aber selbst mit einem guten Sand Wedge fällt das Bunkerspiel den meisten Amateuren noch sehr schwer. Sobald ihr Ball im Bunker verschwindet, geraten sie in Panik, werden verkrampft und schlagen viel zu hastig – gerade bei diesem Schlag der schlimmste Fehler. Bekanntlich verbieten die Golfregeln im Sand ein Aufsetzen des Schlägerkopfes hinter dem Ball. Den Schlägerkopf vor dem Schlag in der Schwebe zu halten, ist für unerfahrene Spieler sehr unangenehm. Auch das Eingraben der Füße in den Sand, beim Bunkerschlag besonders wichtig; der »offene« Stand, der Schwung von außen nach innen, und der Schlag *hinter* dem Ball in den Sand anstatt direkt auf den Ball erscheint widersprüchlich und verwirrend.

Um diese scheinbar unnatürlichen Bewegungen zu verstehen, sollte man sich einfach in einen Bunker stellen und die entsprechenden Schläge so lange üben, bis man die Furcht vor ihnen verloren hat. So wird sich sehr bald zeigen, wie der Schlägerkopf leicht unter dem Ball hindurchgleitet, und wie der Sand den Ball mühelos aus dem Bunker heraussträgt, sobald der Schläger in der vorgeschriebenen Art und Weise geschwungen wird.

Die Feinheiten des Spiels aus dem Sand – wie weit das Schlägerblatt aufzudrehen ist, wie hart man bei den ganz unterschiedlichen Sandarten schlagen muß, wie weit der aus einer eingebohrten Lage herausgeschlagene Ball fliegt – erfordern intensives Üben und viel Erfahrung.

Die grundlegende Technik des Bunkerschlags

Der typische Bunker am Grün mit relativ hoher Vorderwand erfordert vom Spieler einen weichen Schlag, mit dem der Ball schnell hochkommt, weich aufsetzt und dann zum Loch hin rollt. Mit dem Sand Wedge soll der Sand unter dem Ball mitsamt diesem herausgelöffelt werden. Dabei ist zu bedenken, daß der Sand die Wucht des Schlages stark verringert.

Ich spiele den Ball von der Innenseite des linken Absatzes, wobei Füße und Körper stark nach links vom Ziel ausgerichtet sind. Damit erreiche ich einen Schwung von außen nach innen, der Ball erhält einen starken Rück- und Seitwärtsdrall, und der Schlägerkopf streicht im Treffmoment unter dem Ball hindurch, ohne sich tief in den Sand zu graben. All dies bewirkt, daß der Ball weich landet. Das Schlägerblatt wird erst endgültig ausgerichtet, wenn ich durch das Hin- und Herwackeln der Füße beim Eingraben in den Sand dessen Festigkeit erkannt habe. Je leichter der Sand ist, desto mehr drehe ich das Schlägerblatt auf und desto weiter schlage ich hinter dem Ball in den Sand, durch den das Schlägerblatt dann leicht hindurchgleitet. In schwerem Sand drehe ich das Schlägerblatt weniger auf und schlage näher am

Ball in den Sand, weil das Schlägerblatt jetzt eher durch ihn hindurchschneiden als -gleiten wird.

Wenn ich meine Füße für einen festen Stand in den Sand drehe, fasse ich den Schläger im gleichen Maße kürzer, um im Treffmoment nicht zu tief in den Sand zu schlagen. Stehe ich fest und sicher am Ball, fasse ich den Schläger verhältnismäßig leicht und drehe das Schlägerblatt im erforderlichen Maß auf, so daß es nach rechts vom Ziel zeigt. Ich fasse den Schläger leicht, um die Handgelenke voll einsetzen zu können. Das Aufdrehen des Schlägerblattes ergibt den nötigen »Bounce« und läßt es leichter durch den Sand gleiten. So kann ich mit der rechten Hand fest zuschlagen, ohne befürchten zu müssen, daß sich das Schlägerblatt im Treffmoment zudreht und sich zu tief einbohrt. Und schließlich liegt mein Gewicht beim Ansprechen des Balles zu sechzig bis siebzig Prozent auf der linken Seite, so daß ich den Schläger steil zurückschwingen kann, und es bleibt während des ganzen Schwunges links. Bei einem ganz kurzen Explosionsschlag aus guter Lage lege ich das Gewicht etwas mehr zur Mitte, um gegen ein festes linkes Bein einen hohen und weich aufsetzenden Ball schlagen zu können.

Ich ziehe den Schläger mit der rechten Hand zurück und winkle die Handgelenke sehr schnell ab. Da das Gewicht primär links bleibt, sind Körper- und Beineinsatz im Schlag minimal, und der Schläger wird höchstens bis in Hüfthöhe zurückgeschwungen.

Im Abschwung achte ich darauf, die rechte Hand *unter* die linke zu drehen, um sicherzustellen, daß das Schlägerblatt mit der flachen Sohlenplatte in den Sand schlägt und nicht mit der vorderen Kante. Wenn ich dann sauber unter dem Ball hindurch- und wieder hochschwinge, wird der Ball auf einem »Sandkissen« aus dem Bunker herausgetragen und landet weich in der Nähe des Loches.

Der »eingebohrte« Ball

Ist der Ball in einer Position zwischen vollständig eingebohrt oder einer sogenannten »Setzei-Lage«, so bekommt man ihn nur mit einem wahren Explosionsschlag aus dem Sand. Dazu verwendet man einen Pitching Wedge, dessen schärfere Vorderkante und schmalere Bodenplatte den Schläger leichter und tiefer durch den Sand schneiden läßt.

Ich bemühe mich um einen kurzen, kraftvollen V-förmigen Schwung. Dazu spiele ich den Ball mehr vom rechten Fuß, richte Füße, Knie, Hüften und Schultern square zur Linie zum Ziel aus, schwinge den Schläger fast gerade zurück und ebenso mit voller Kraft »durch den Ball« hindurch.

Einen V-förmigen Schwung und einen scharf in den Sand schneidenden Schlag erreicht man durch feste Verankerung der Füße im Sand und Verlagerung der Knie und Hüften zum Ziel, bis mindestens fünfundsiebzig Prozent des Gewichtes auf der linken Seite sind. Das Schlägerblatt ist square ausgerichtet und über einen Punkt dicht hinter dem Ball gehalten. Die Hände befinden sich etwas vor dem Ball, nur in besonders festem Sand nehme ich sie noch weiter nach vorn, um noch steiler hinter dem Ball in den Sand schlagen zu können. Bei diesen Schlägen fasse ich den Schläger im allgemeinen etwas kürzer und greife ihn mit beiden Händen fest, damit die Handgelenke im Schlag nicht nachgeben.

Beim Rückschwung drehe ich die linke Schulter unter dem Kinn hindurch, das Gewicht bleibt links, der Kopf wird still gehalten, die Handgelenke nur ganz gering eingesetzt, und der rechte Ellbogen an der rechten Hüfte gehalten, um damit einen flachen Schwungbogen zu vermeiden. Dadurch daß mein

Ein guter Sand Wedge ist so konstruiert, daß er flach unter dem Ball durch den Sand gleitet und ihn dadurch aus dem Bunker heraushebt.

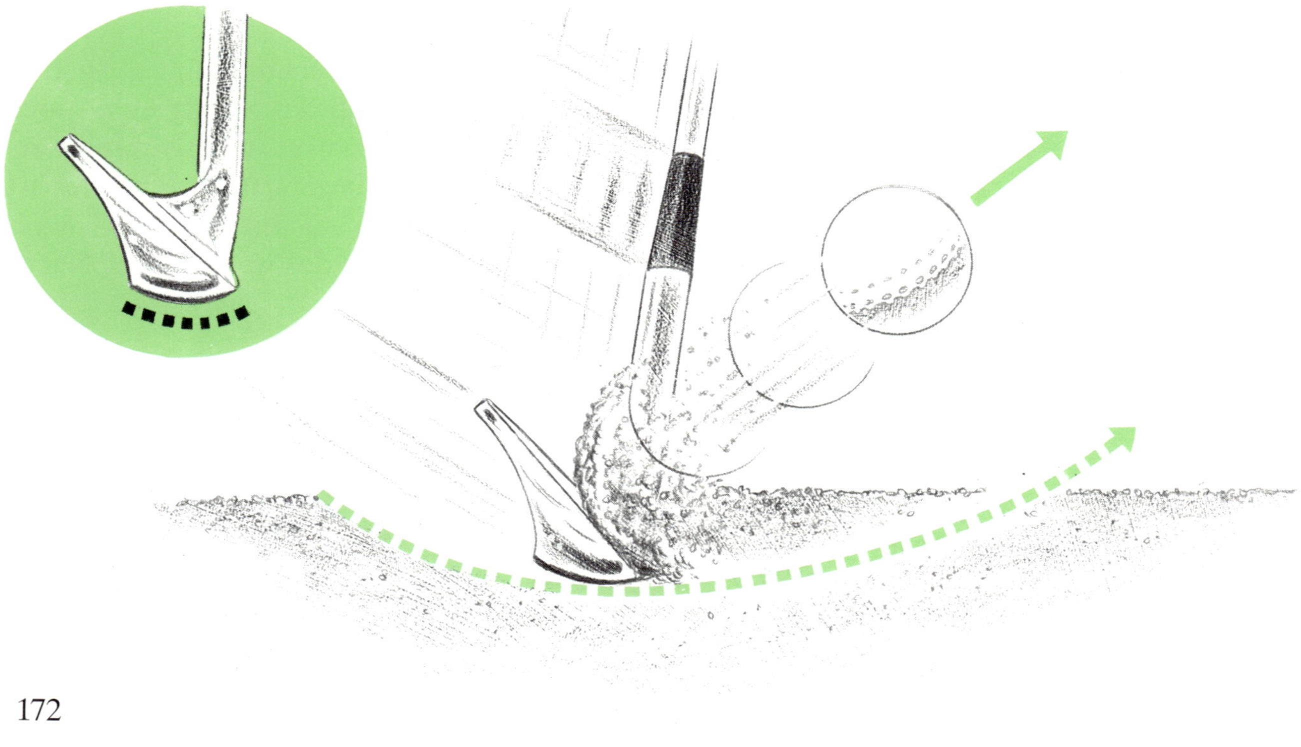

Gewicht weitgehend auf der linken Seite bleibt, wird der Rückschwung nicht höher als bis zur Brusthöhe reichen.

Im Abschwung verschiebe ich Hüften und Knie gleichzeitig nach unten und in Richtung auf das Ziel, um mir damit eine Hebelwirkung für die starke Beschleunigung des Schlägers mit den Händen und Armen zu ermöglichen, so daß das Schlägerblatt mit voller Kraft etwa zweieinhalb Zentimeter hinter dem Ball in den Sand schneiden kann. Der Ball wird herausexplodiert und der Schwung damit beendet. Es gibt also in diesem Fall keinen Durchschwung und kein hohes Finish.

Sandy Lyle, British Open Champion von 1985 und Masters Champion von 1988, einer der besten Bunkerspieler der Welt, vergleicht den steilen Rückschwung beim Explosionsschlag mit dem Schlag des rechten Armes, wenn er im Schwimmbad einem nahe bei ihm stehenden Freund das Wasser ins Gesicht spritzen will. Auch in diesem Fall geht der Arm fast gerade hoch und wieder herunter und schlägt dabei genauso tief ins Wasser, wie der Schlägerkopf in den Sand hineinschneidet.

Bei sehr nassem oder schwerem Sand sollte man die Hände möglichst weit vor den Ball nehmen, um das Schlägerblatt steiler zu stellen, so daß seine Vorderkante sich richtig tief in den Sand hineinschneiden und den Ball sicher herausheben kann.

Üben Sie die Bunkerschläge ganz systematisch, bis Sie jegliche Scheu davor verloren haben und sie so selbstverständlich spielen wie einen normalen Schlag vom Fairway. Gehen Sie den Schlag zuerst in Gedanken durch, und führen Sie ihn dann in aller Ruhe aus.

Schläge in lockerem Sand

Wollen Sie in lockerem Pulversand einen »fetten« Schlag vermeiden, so empfehle ich Ihnen einen schwachen Griff, bei dem Sie die Hände am Schaft weit nach links drehen. Dadurch bleibt das Schlägerblatt im Treffmoment offen, wird leicht durch den Sand gleiten und sich nicht einbohren.

Schlagen Sie »ein Ei in die Pfanne«

Stellen Sie sich den Ball als Dotter eines in die Pfanne geschlagenen Eis vor, das vom Kranz des Eiweißes umgeben ist. Heben Sie nun mit Ihrem Schlag Eidotter und Eiweiß zusammen aus dem Bunker, und Sie können sich Ihr Spiegelei braten!

Zwei Sand Wedges

Ein Sand Wedge mit breiter Sohle wird von schwerem, nassem oder grobkörnigem Sand stark abprallen und den Ball dann nur »dünn« treffen. Ein Sand Wedge mit ausgesprochen schmaler Sohle wird sich dafür in leichtem pulverartigem Sand zu tief einbohren und einen »fetten« Schlag produzieren, bei dem der Ball dann häufig genug sogar im Bunker bleibt.

Wenn Sie viel reisen, empfehle ich Ihnen zwei Sand Wedges mit unterschiedlicher Sohlenplatte mitzunehmen. So können Sie vor jedem Spiel im Übungsbunker testen, welcher Sand Wedge für den betreffenden Platz jeweils am besten geeignet ist.

Übungsschläge

Ein Aufsetzen des Schlägerkopfes im Sand vor dem Schlag wird bekanntlich bestraft. Niemand kann Sie jedoch davon abhalten, *außerhalb* des Bunkers Probeschwünge zu machen. Zielen Sie auch hierbei auf einen Punkt etwa fünf Zentimeter hinter dem imaginären Ball, schwingen Sie langsam und weich, lassen Sie im »Treffmoment« Ihre rechte Hand ganz bewußt *unter* der linken hindurchrollen, und schwingen Sie dann voll durch. Machen Sie das zwei- oder dreimal, und wiederholen Sie danach die Prozedur im Bunker am Ball.

Schauen Sie auf den Sand, nicht auf den Ball!

Amateure machen im Bunker häufig den Fehler, zu intensiv auf den Ball zu starren und sich dadurch so zu verkrampfen, daß sie nicht mehr frei schwingen können.

Um das zu verhindern, konzentriere ich meinen Blick auf den Punkt, an dem mein Schlägerblatt in den Sand eindringen soll, nachdem ich dessen Festigkeit beim Eingraben der Füße festgestellt habe. Machen auch Sie sich dieses Vorgehen zur

In manchen Bunkerlagen ist das Eisen 9 dem Sand Wedge vorzuziehen.

festen Gewohnheit, und es wird Ihnen sehr viel leichter fallen, das Schlägerblatt genau am richtigen Punkt in den Sand zu schlagen. Je näher am Ball der Schlägerkopf in den Sand eindringt, desto weiter wird der Ball fliegen und umgekehrt.

Der Bunkerschlag zum Grün aus großer Entfernung

Der Bunkerschlag auf ein weiter entferntes Grün ist für den Durchschnittsgolfer ein besonderes Problem. Entweder versucht er, den Ball sauber, ohne viel Sand zu schlagen und toppt ihn dabei, oder er schlägt so fest zu, daß der Schläger im Sand steckenbleibt und der Ball viel zu kurz fliegt oder nicht einmal aus dem Bunker herauskommt.

Entscheidend für das Gelingen eines solchen Schlags ist die richtige Stellung beim Ansprechen des Balles. Stehen Sie etwas weiter vom Ball entfernt, und setzen Sie die Füße gerade etwas mehr als schulterbreit auseinander. Das ergibt einen flacheren Schwungbogen, Sie schlagen nicht so tief in den Sand, und der Ball wird weiter fliegen.

Langsam!

Golfer meinen immer, sie müßten den Ball im Bunker attackieren, um ihn aus dem Hindernis herauszubringen. Bei einem eingebohrten Ball mag ein relativ schneller und harter Schlag sinnvoll sein, um ihn aus seiner Lage herauszuholen; liegt der Ball aber glatt auf dem Sand und soll er nur ein paar Meter weit fliegen, ist es besser, so langsam wie möglich zu schwingen, allerdings ohne sich dabei zu versteifen oder die Harmonie des Schwunges zu gefährden. Mit einem eher langsamen und weichen Schlag werden Sie den Ball mit dem Sand leicht über die Bunkerkante heben, er wird aufsetzen, etwas nach rechts springen und zum Loch hin ausrollen.

Ein solcher Zeitlupenschwung mag Ihnen anfangs merkwürdig vorkommen. Aber bleiben Sie dabei, Sie werden es nicht bereuen. Langsam heißt aber keinesfalls schludrig; also den Schlag unbedingt richtig vollenden.

Zeit für das Eisen 9

Liegt der Ball eingebohrt in einem Fairway-Bunker mit hoher Vorderkante zwanzig bis dreißig Meter vom Grün, so ist das kein erfreulicher Anblick. Sie können aber auch diesen Ball aufs Grün schlagen, solange Sie *keinen* Wedge nehmen. Nach langem Experimentieren habe ich erkannt, daß das Eisen 9 gerade aus solchen Lagen wahre Wunder vollbringen kann, weil sein Loft geringer und seine Sohle noch schmaler ist als beim Pitching Wedge. Spielen Sie den Ball weit vom rechten Fuß mit einem kompakten, kräftigen Schlag genau hinter dem Ball in den Sand, und rechnen Sie damit, daß er nach dem Aufsetzen weit ausrollen wird.

Denken Sie an das hohe Finish

Denken Sie bei einem gewöhnlichen Bunkerschlag aus einer Distanz von fünf bis zehn Metern an einen hohen Durchschwung, ein hohes Finish. Das spornt Sie dazu an, das Schlägerblatt unter dem Ball hindurch zu beschleunigen anstatt womöglich zu weit zurückzuschwingen, dann im Abschwung abzustoppen und den Ball nicht aus dem Bunker herauszubekommen.

Bunkerschläge aus hängenden Lagen

Zwei einfache Grundregeln: 1. Spielen Sie den Ball immer von Ihrem *höher* stehenden Fuß. 2. Vollführen Sie den Ab- und Durchschwung durch den Ball so parallel zum Hang wie möglich, indem Sie sich beim Ansprechen im rechten Winkel zum Hang stellen und während des ganzen Schlages so stehen bleiben. Gleichen Sie mögliche Gleichgewichtsprobleme mit den Knien aus.

Über und unter dem Ball

Liegt der Ball *über* Ihren Füßen, so richten Sie zum Ausgleich des natürlichen Pulls das Schlägerblatt nach rechts vom Ziel aus. Wenn der Ball *unter* Ihren Füßen liegt, richten Sie das Schlägerblatt nach links aus, um den natürlichen Push nach rechts auszugleichen.

Fluglinie

Schlag aus dem Fairway-Bunker

Lange Eisen und Hölzer können aus Fairway-Bunkern genauso gespielt werden wie vom Gras, solange Sie Ihr normales Schwungtempo beibehalten und drei Punkte beachten, die sicherstellen, daß Sie den Ball *vor* dem Sand treffen.
1. Suchen Sie sich einen festen Stand, aber nicht so tief, daß die Schwungbahn des Schlägerkopfes sich so weit absenkt, daß er sich vor dem Treffmoment in den Sand bohrt.
2. Lassen Sie etwas mehr Gewicht auf dem linken Fuß, so daß der Schwungbogen steiler wird und der Schlägerkopf den Ball vor dem Sand treffen kann.
3. Spielen Sie den Ball außerdem etwas mehr vom rechten Fuß, damit der Schlägerkopf ihn vor dem tiefsten Punkt seines Schwungbogens trifft.

Chippen aus dem Sand

Hat der Ball eine gute Lage auf nassem und festem Sand und ist die Vorderkante des Bunkers nicht zu hoch, so kann ein erfahrener Spieler den Ball durchaus aus dem Bunker herauschippen. Dies gelingt auch aus weichem Pulversand heraus, wenn der Ball so gut liegt, daß man ihn sauber trifft.

Das gelingt nur, wenn man den Körper völlig stillhält, während der Schlägerkopf langsam und flach am Boden zurückgeschwungen wird. Achten Sie beim Abschwung darauf, daß die Hände das Schlägerblatt auf die Rückseite des Balles *führen.* Sollten sie nämlich hinter dem Schlägerblatt zurückbleiben, so wird der Ball höchstwahrscheinlich nicht aus dem Bunker herauskommen.

Putten aus dem Sand

Bei square zur Linie zum Ziel hängenden Bunkerlagen empfiehlt es sich, nach der einen oder anderen Seite zu zielen, so daß der in solchen Lagen auftretende Seitwärtsdrall den Ball dann nach rechts oder links zum Loch zurückdrehen wird.

Der Putt aus dem Grünbunker ist eine »feine Sache«, solange der Ball hervorragend liegt, der Sand möglichst fest und die Vorderkante des Bunkers so flach ist, daß sie praktisch »nicht existiert«. Ich sehe eher einen Vorteil darin, den Putter vor dem Schlag nicht aufsetzen zu dürfen, weil diese Schwebehaltung des Schlägerblattes dazu führt, den Ball in dessen oberer Hälfte zu treffen und ihm dadurch den nötigen Topspin zu geben, der ihn aus dem Bunker befördert und zum Loch hin ausrollen läßt.

Kapitel 10

Spiel im Wind

Jeder ehrgeizige Amateur weiß, daß er das Spiel erst dann einigermaßen beherrscht, wenn er gelernt hat, sich auch bei widrigen Windverhältnissen durchzusetzen. Ein gut gespielter Schlag bei Gegen- oder Seitenwind ist etwas Schönes, und das Bewußtsein, dies zu beherrschen, gibt sehr viel Selbstvertrauen. Die Fähigkeit, den Ball »unter dem Wind« hindurchzuspielen und seinen Flug bei Rücken- oder Seitenwind unter Kontrolle zu halten, das kennzeichnet den wahren Meister. Beobachten Sie nur mal, was ansonsten guten Spielern auf windgepeitschten Veranstaltungen wie der British Open oder einigen der Frühjahrsturniere in Florida so alles geschieht. Erfolgreiches Abschneiden erfordert hier Geduld und Ausdauer sowie eine genaue Kenntnis der dazu notwendigen Schwung- und Schlagtechnik.

Ich habe das Spielen im Wind schon in jungen Jahren gelernt, als ich an den Stränden der Biscaya meine Bälle schlug, wo der Wind ständig, meistens stark und aus allen Richtungen bläst.

Gegenwind

Starker Gegenwind ist für den Amateur ein Problem, weil er nicht weiß, wie er seinen Ball flach in diesen Wind hineinschlagen soll. Er schwingt dann meistens vor lauter Angst zu schnell und zu steil, schlägt von oben »in den Ball« hinein und gibt ihm soviel Backspin, daß er eher noch höher steigt als sonst.

Ein sich flach durch den Wind bohrender Schlag verlangt ein *kraftvolles Hindurchschlagen*. Das heißt, der Schlägerkopf muß auf einer flachen Schwungbahn voll »in den Ball« hineingeschlagen werden und ihn nach dem Treffmoment durch den Durchschwung »jagen«. Wie so häufig im Golfsport hängt auch dies weitgehend von der Stellung des Spielers beim Ansprechen des Balles ab.

Vor dem Schlag in einen starken Gegenwind gehe ich folgende Checkliste durch:

1. Square ausgerichtet – Füße, Knie, Hüften und Schultern stehen parallel zur Linie zum Ziel.
2. Fußstellung etwas weiter als Schulterbreite, um fest zu stehen und nicht aus dem Gleichgewicht zu kommen.
3. Gewicht vornehmlich auf dem linken Fuß.
4. Hände mindestens fünf Zentimeter vor der Schlagfläche.

Einer populären Theorie zufolge sollte der Ball für einen flachen Schlag nicht weiter vorn als in der Mitte des Standes der Füße liegen, unabhängig vom Schläger, mit dem der Schlag ausgeführt wird. Bei mir bewirkt eine solche Ballposition einen geraden und steilen Auf- und Abschwung, der den Ball mit viel Backspin hoch in die Luft jagt – bei Gegenwind also ein voller Erfolg.

Kraft, Beweglichkeit und Schwungtempo eines Golfers wechseln dauernd, und ebenso variiert jeweils die optimale Lage des Balles. Natürlich gibt es für diese Veränderungen der Ballposition gewisse Grenzen, aber die kann man nur auf dem Übungsplatz herausfinden. So müssen Sie für flache Schläge in den Wind herausfinden, wie Sie den Schlägerkopf vom Takeaway bis zum Durchschwung sozusagen flach über den Boden »bürsten« können.

Bei Gegenwind ist es fast noch wichtiger, den Ball genau mit dem Sweetspot der Schlagfläche zu treffen, und dazu sollte der Schwung so einfach und kontrolliert wie möglich sein – langsam, aber rhythmisch und kraftvoll, in einem nicht zu hohen, weiten Schwungbogen. Dazu drehen Sie die Schultern im Rückschwung voll auf, setzen die Handgelenke im weiten Rückschwungbogen jedoch nur begrenzt ein. Ideal wäre ein Dreiviertelschwung aus den Armen heraus, bei vollem Aufdrehen des Körpers.

Halten Sie den Kopf im Ab- und Durchschwung möglichst still, hinter dem Ball, und die Knie locker. Während die Hüften sich in den Schlag drehen, verschieben Sie Ihre Knie zum Ziel und schwingen den Schlägerkopf von innen »durch den Ball« hindurch.

Rückenwind

Der Drive mit Rückenwind gehört zu meinen Lieblingsschlägen. Mit zunehmendem Alter habe ich jedoch gelernt, daß es sinnlos ist, bei Rückenwind wie ein Irrer auf den Ball zu hauen, um ihn eine Meile weit zu schlagen, was eigentlich nur in einer Katastrophe enden kann. Ich achte heute auch besonders auf Hindernisse, die man normalerweise nicht, bei Rückenwind aber sehr wohl erreichen kann. In diesem Fall nehme ich einen schwächeren Schläger, ein Holz 3 oder ein langes Eisen, je nach der Stärke des Rückenwindes.

Bei starkem Rückenwind empfiehlt es sich, den Ball höher aufzuteen und ihn mehr vom linken Fuß zu spielen. Aber nicht vergessen, daß man einen zu weit links liegenden Ball leicht toppt!

Bei leichtem Rückenwind spiele ich den Ball von einem Punkt zwischen der Innenseite des linken Fußes und dem linken Absatz, so daß ich im Treffmoment hinter dem Ball bleiben und ihn treffen kann, wenn der Schlägerkopf bereits wieder auf dem Weg nach oben ist. Das setzt voraus, daß ich:

1. beim Ansprechen des Balles etwa sechzig Prozent meines Gewichtes auf den rechten Fuß verlagert habe,
2. meine Hände nicht *vor* dem Ball sind,
3. bei einem eher aufrechten Rückschwung meinen Körper voll aufdrehe,
4. meine Handgelenke im Abschwung voll einsetze, indem ich mit der rechten Hand hart zuschlage, sie aber dennoch im Treffmoment nicht zu schnell über die linke hinüberrollen lasse.

Die Technik der Annäherungsschläge ändere ich bei Rückenwind ganz erheblich. Mit den Hölzern und den langen Eisen spiele ich dann häufig einen Fade, um den Ball höher fliegen und weicher landen zu lassen. Mittlere und kurze Eisen spiele ich auf zwei verschiedene Arten, je nach Position der Fahne und dem Zustand des Grüns.

Die Technik für den »Stop Shot«, der sofort liegen bleibt, ist von jener des »Go Shot«, der ausrollt, gar nicht so verschieden. Beide spiele ich nahe vom rechten Fuß, mit den Händen weit vor dem Ball und dem Gewicht während des ganzen Schlags auf der linken Seite. Es ist nur ein halber bis dreiviertel Schwung, je nach der Entfernung zum Ziel. Der Unterschied zwischen den beiden Schlägen liegt im Einsatz der Hände und Handgelenke: starker Einsatz im Treffmoment und »Überrollen« der rechten Hand über die linke, wenn der Ball rollen soll; eher passive Hände und Handgelenke, wenn der Ball schnell abstoppen soll.

Seitenwind

Bei Seitenwind gibt es für den Spieler drei Möglichkeiten. Entscheiden Sie selbst, welche für Ihr Spiel am besten geeignet ist.

Nach der ersten Methode schlägt man den Ball einfach nach rechts oder links, und überläßt es dem Wind, den Ball wieder zum Ziel hin zurückzutragen. Je stärker der Wind und je weiter die zu überwindende Strecke, desto mehr spielen Sie natürlich gegen den Wind.

Die zweite Methode entspricht dem bei Ihrem Schlag häufigsten Flugverlauf des Balles. Schlagen Sie normalerweise einen Slice, so müssen Sie bei starkem Wind von links nicht nur das übliche Abdrehen Ihres Balles berücksichtigen, sondern noch viel weiter nach links halten. So erreichen Sie, daß der Ball hoch nach links in den Wind fliegt und dann von ihm zum Ziel zurückgetragen wird. Ein so gespielter Ball wird weiter fliegen als dies an einem windstillen Tag der Fall wäre, und Sie sollten dies durch einen Schläger mit stärkerem Loft ausgleichen.

Ein Seitenwind von rechts wird Ihren Slice dagegen weitgehend ausgleichen, so daß Sie, wenn überhaupt, nur ganz wenig nach links halten müssen. Da der Ball somit in den Wind hineinfliegt, wird er auch früher landen, was Sie bei der Schlägerwahl berücksichtigen sollten.

Ein gewohnheitsmäßiger »Hooker« wird dagegen seinen Ball in einen Wind von links hineinspielen und bei einem Wind von rechts seinen Schlag weit nach rechts halten, so daß der Wind den Ball wieder hereintragen kann.

Ich persönlich bevorzuge die dritte Methode, muß aber hinzufügen, daß sie nur für sehr erfahrene Spieler zu empfehlen ist, die ihre Schläge präzise abstimmen und manipulieren können. Bei einem von links wehenden Wind spiele ich einen »Punch-Draw« und bei einem Wind von rechts einen »Punch-Fade«. Der Vorteil dieser Schläge liegt darin, daß sie, hart geschlagen, ihre Linie halten und sozusagen »unter dem Wind« bleiben.

Die Technik des Punch-Draw

Stellen Sie sich square ausgerichtet an den Ball, und spielen Sie ihn etwas mehr vom rechten Fuß, so daß das Schlägerblatt im Treffmoment zwar square ausgerichtet ist, aber von innen nach außen geschwungen wird und dem Ball daher einen Linksdrall gibt. Nehmen Sie einen um zwei Nummern stärkeren Schläger als die Entfernung an sich erfordern würde. Fassen Sie den Schläger so viel kürzer, daß der rechte Zeigefinger schon fast auf dem freien Metallteil des Schaftes liegt.

Das ergibt eine maximale Kontrolle des Schlägers und damit des Schlages.

Das Schlägerblatt darf übrigens kein bißchen nach rechts ausgerichtet sein, weil ansonsten der »Hookspin« ausbleiben würde.

Machen Sie einen kompakten Dreiviertel-Rückschwung mit einer minimalen Abwinklung der Handgelenke und schwingen Sie den Schläger mit den Händen und Armen voll »durch den Ball« hindurch und weit nach oben.

Die Technik des Punch-Fade

Auch für diesen Schlag nehmen Sie einen um zwei Nummern stärkeren Schläger, fassen ihn kurz und spielen den Ball etwas mehr vom rechten Fuß. Diesmal stellen Sie sich jedoch offen an den Ball, schwingen den Schläger im Rückschwung nach außen und dann im Abschwung von außen nach innen »durch den Ball« hindurch.

Stehen Sie außerdem so nahe wie möglich am Ball, damit Sie steil zurückschwingen und ebenso von oben »in den Ball« hineinschlagen können.

Beim Rückschwung sollten Sie das Gefühl haben, die Hände, Arme und den Schläger nach oben und vom Körper wegzuschwingen. Also auch hier nur ein Dreiviertel-Rückschwung mit minimaler Abwinklung der Handgelenke. Dann ziehen Sie den Schläger mit den Armen quer über die Linie zum Ziel herunter und »durch den Ball« hindurch. Halten Sie dabei den Schläger mit der linken Hand besonders fest, damit die rechte nicht zu früh über sie »hinüberrollt«.

Dieser Schlag ist schwieriger als der Punch-Draw, weil er Sie dazu zwingt, der natürlichen Tendenz der Schultern zum Aufdrehen entgegenzuwirken, und auch der des Körpers, welcher den Schläger von innen nach außen schwingen würde. Der Schlag erfordert also mehr Kraft und mehr Übung, kann Ihnen aber bei starkem Wind von rechts behilflich sein, einen niedrigen Score zu erzielen.

Schwingen Sie den Schläger bei Gegenwind flach »in den Ball« hinein, weit »durch ihn hindurch«, und »werfen« Sie Beine und Hüften bewußt in den Schlag.
Schwingen Sie den Schläger bei Gegenwind flach »in den Ball«.

Greifen Sie den Schläger kürzer

Wollen Sie den Ball flach in den Wind hineinspielen, so gibt es keinen größeren Fehler, als den Schläger mit lockeren Handgelenken schnell und steil hochzuschwingen. Dann wird der Schwungbogen eng, Sie schlagen von oben »in den Ball hinein«, geben ihm Backspin, und er fliegt viel zu hoch.

Greifen Sie den Schläger jedoch kürzer, so verhindert das weitgehend den Einsatz der Hände und Handgelenke, weil das Schwunggewicht dann geringer ist.

Der Flyer mit dem langen Eisen

Viele Amateure schlagen auf weit offenen Fairways exzellente Drives, geraten jedoch bei starkem Gegenwind und schmalen Spielbahnen in Panik.

In diesem Fall kann das Eisen 1 eine wertvolle Hilfe sein. Es ist kürzer als der Driver und hat etwas mehr Loft, ist also leichter zu kontrollieren. Vor allem aus einer Flyer-Lage heraus wird der Ball mit diesem Schläger weit fliegen.

Um nun eine solche Lage zu schaffen, drehen Sie Ihren Absatz einmal im Boden des Abschlages herum und setzen Ihren Ball auf die Kante dieser kleinen Mulde, so daß sich beim Ansprechen mit dem Eisen 1 einige Grashalme zwischen Ball und Schlägerblatt schieben. Das führt dann im Treffmoment zu einem geringeren Backspin, läßt den Ball flacher fliegen und weiter ausrollen. Nicht selten erreicht man mit einem so gespielten Ball die gleiche Weite wie mit einem voll getroffenen Drive.

Haben Sie kein Eisen 1, so nehmen Sie eben das längste Eisen aus Ihrer Tasche, das Sie besitzen.

Schlägerwahl

Beim Spiel gegen den Wind gilt als Faustregel: Jeweils 15 km/h Windgeschwindigkeit bedingen einen um eine Nummer stärkeren Schläger. Bei einem Annäherungsschlag über eine Distanz von hundertfünfunddreißig Metern, den Sie bei Windstille mit einem Eisen 7 spielen, nehmen Sie bei einem Gegenwind von 30 km/h das Eisen 5.

Kapitel 11

Aus dem Rough

Wenn es wirklich sein muß, spiele ich auch heute noch gerne »heroische« Recoveries, aber ich bin längst nicht mehr der Prahlhans der jungen Jahre. Mit zunehmendem Alter ist mir vielmehr klar geworden, wie sehr die Beschränkung auf das Erreichbare zum Erfolg im Golfsport beitragen kann. Finde ich heute meinen Ball im Rough in einer besonders miserablen Lage, aus der man kaum herauskommen kann, so schlage ich bestimmt nicht mehr frisch, fromm, fröhlich und frei auf den Ball wie in vergangenen Tagen. Heute mache ich solche Verzweiflungsschläge nur noch, wenn es um »Sein oder Nichtsein« geht, wenn ich ein Birdie oder Eagle benötige, um im Spiel zu bleiben.

Obwohl ich mit meiner bisherigen Karriere ganz zufrieden bin, ärgert es mich doch immer wieder, wenn ich zurückblicke und mir überlege, wie oft ich in meinen ersten Jahren als Turnierspieler unnötige Risiken eingegangen bin. Zugegeben, manchmal gelang mir das scheinbar Unmögliche, und ich kam in den Ruf eines »Zauberers«. Per saldo hat mir der »Über-Mut« aber mehr geschadet als genutzt. Hätte ich von Anfang an mit der analytischen Einstellung, der Schlagtechnik und vor allem mit der Selbstbeherrschung gespielt, die ich heute habe, so würden auf meinem Vertiko sehr viel mehr Trophäen stehen.

Ich wurde erst dann ein besserer Taktiker, als ich erkannte, daß reine Kraft nicht die einzige Lösung sein kann, um Bälle aus schlechten Lagen zu spielen. Heute spiele ich im Notfall ganz auf Nummer sicher seitwärts oder überhaupt gerade aufs Fairway, um dann hoffentlich mit einem guten Pitch und einem Putt das Par noch zu retten. Das ist schon ein erheblicher Unterschied zu früher; vielleicht nicht mehr so aufregend, dafür aber bestimmt profitabler.

Mein Spiel aus dem Rough verläuft nach relativ einfachen Regeln, die allerdings im krassen Gegensatz zu den Gepflogenheiten der meisten Amateure stehen. So wird jemand mit einem hohen Handicap häufig versuchen, seinen Ball aus tiefem, vielleicht sogar nassem Gras mit einem Holzschläger aufs Grün zu schlagen, obwohl er das nicht einmal bei trockenem Boden vom Fairway schaffen würde. Und wenn der Ball in der Nähe des Grüns in dichtem Gras liegt, versucht er einen Schlag, wie ihn nicht einmal die Pros riskieren würden. All das hat es in meiner Laufbahn auch gegeben. Schläge zu versuchen, die weit über die eigenen Fähigkeiten hinausgehen, im Bestreben, mit einem Schlag alles wieder gutzumachen, beweist einen fehlende spielerische Reife.

Hat ein guter Golfer den Ball ins Rough geschlagen, so akzeptiert er diese Tatsache als seinen persönlichen Fehler und setzt sofort alles daran, diesen so gut und so schnell wie möglich wieder gutzumachen.

Ich wünschte, ich könnte Ihnen für alle nur denkbaren schwierigen Lagen eine Lösung anbieten. Aber das ist natürlich ausgeschlossen. Selbst ich stehe noch manchmal vor einer neuen Lage im Rough und muß dann, trotz aller Erfahrungen, genau überlegen, wie da am besten herauszukommen ist. Außerdem sind physische Kraft und Schwungstil bei fast allen Golfern verschieden; beides ist aber für einen erfolgreichen Recovery aus dem Rough entscheidend. Dennoch gibt es auch hierbei für die Stellung am Ball und den Schwung gewisse Grundregeln, die beachtet werden müssen.

Trotz meiner heutigen gewandelten Einstellung dem Spiel gegenüber, bin ich natürlich alles andere als ein Roboter, so daß ich auf einer typischen Turnierrunde etwa fünfunddreißig Prozent meiner zweiten Schläge von außerhalb des Fairways spielen muß. In leichtem Rough nehme ich zum Ausgleich gegen den Flyer-Effekt (aufgrund der Grashalme zwischen Schlägerblatt und Ball fliegt dieser knapp zehn Meter weiter) einen schwächeren Schläger, schwinge im übrigen aber ganz normal. Will ich den Ball aber aus einer schlechten Lage möglichst weit oder hoch aufs Grün schlagen, so geschieht das jeweils mit einer besonderen Technik.

Den Ball flach und hart schlagen

Liegt der Ball so schlecht, daß man ihn unmöglich bis aufs Grün schlagen kann, so versuche ich einen eher flachen, weit rollenden Punch. Er erfordert einen steilen Rückschwung und einen Schlag von oben »in den Ball«, maximale Schlagkontrolle und minimalen Kontakt zwischen Gras und Schlagfläche im Treffmoment. Man muß diesen steilen Schwung schon beim Ansprechen des Balles gut vorbereiten. Dazu spiele ich ihn etwas mehr vom rechten Fuß, stelle mich offen an den Ball und verlagere etwa sechzig Prozent meines Gewichtes auf den linken Fuß. Um zu vermeiden, daß der Schlägerkopf beim Takeaway im Gras hängenbleibt, setze ich ihn nicht hinter dem Ball auf, sondern halte ihn etwas in der Schwebe.

Im allgemeinen heißt es, daß sich das Gras im Schlag um den Schlägerhals eines Eisenschlägers wickelt, ihn dadurch abbremst und das Schlägerblatt zudreht. Nach meiner Erfahrung ist es dagegen genau umgekehrt. Das schwere Gras »packt« die Spitze des Schlägerblattes, wirft sie zurück und dreht das Schlägerblatt dadurch auf. Ich drehe es deshalb beim Ansprechen etwas zu, damit es im Treffmoment square an den Ball kommen kann. Um einen flachen und weit rollenden Ball zu erzielen, halte ich die Hände beim Ansprechen etwa fünf Zentimeter vor dem Ball.

Nach dem Ansprechen stelle ich mir den Schlag noch ein letztes Mal genau vor und leitet den Rückschwung dann mit einem etwas ungewöhnlichen Takeaway ein, indem ich den Schläger mit der rechten Hand steil nach oben ziehe. Schultern und Hüften drehen sich bei diesem Dreiviertel-Rückschwung nur wenig und das Gewicht bleibt weitgehend auf dem linken Fuß. Damit sind alle Voraussetzungen für einen scharf von oben herunter geführten Abschwung gegeben.

Um diesen auszulösen, verschiebe ich die Beine seitwärts zum Ziel. Sie sind dabei vor den Händen; dadurch wird der Loft des Schlägerblattes im Treffmoment reduziert, und es ergibt sich der gewünschte flache und weit ausrollende Schlag. Sobald die Hüften den Beinen folgen und sich zum Ziel hin drehen, ziehe ich den Schläger mit der linken Hand herunter und »durch den Ball« hindurch. Den eigentlichen »Punch« gibt allerdings die rechte Hand dem Ball im Treffmoment, indem sie den Schlägerkopf »durch ihn hindurchpeitscht«.

Den Ball hoch und weich schlagen

Wenn ich aus der Rough-Lage heraus überhaupt aufs Grün kommen kann, so versuche ich alles, den Ball hoch zu spielen und möglichst »tot« aufs Grün zu legen. Um das zu erreichen, fasse

Kontrollierte Kraft ist mein Motto, wenn ich den Ball aus dem Rough möglichst weit aufs Fairway schlagen will. Dazu mache ich einen Dreiviertel-Rückschwung und »peitsche« dann mit aller Kraft aus den Händen, Handgelenken und Armen heraus den Schlägerkopf unter dem Ball durch das Gras, und ich unterstütze dies durch eine starke Verschiebung der Knie in Richtung auf das Ziel.

ich den Schläger nur leicht und spiele den Ball aus einem weit offenen Stand ganz vom linken Fuß. Das führt zu einem aufrechten Schwung von außen nach innen, der dem Ball einen Seitwärts-Rückwärts-Drall gibt und mich dazu zwingt, Kopf und Körper während des ganzen Schlages hinter dem Ball zu halten. Nur so kann ich ihn aus dieser Lage dann wirklich hoch bekommen.

Der leichte Griff ergibt einen lockeren Schwung aus den Handgelenken, mit dem ich den Ball hoch aufs Grün spielen kann.

Im Rückschwung winkle ich die Handgelenke frühzeitig ab und schwinge den Schlägerkopf nach außen, wobei die rechte Hand die Führungsrolle übernimmt. Im Abschwung achte ich darauf, meinen Kopf hinter dem Ball, mein Gewicht zum größten Teil auf der rechten Seite zu lassen und meinen Unterkörper nur wenig einzusetzen. Die Handgelenke kommen ganz bewußt *in den Schlag* und »peitschen« das Schlägerblatt unter dem Ball hindurch, um ihn hoch in die Luft zu spielen. Natürlich wird sich im Treffmoment etwas Gras zwischen Ball und Schlägerblatt schieben und den Backspin reduzieren, aber das soll durch die Flughöhe des Balles und sein weiches Aufsetzen auf dem Grün ausgeglichen werden.

Der »Flyer«-Effekt

Ein »Flyer« entsteht, wenn sich im Treffmoment zwischen Ball und Schlägerblatt Grashalme befinden. Das reduziert die Reibung und damit den Backspin. Der Ball wird weiter fliegen und weiter ausrollen. Durch einen Schläger mit entsprechend stärkerem Loft läßt sich dieser Effekt aber leicht ausgleichen.

Manchmal kann der Ball nur seitwärts aufs Fairway gespielt werden

Amateure scheinen manchmal zu glauben, sie seien verpflichtet, jeden Ball möglichst direkt an die Fahne zu spielen, auch wenn er so tief im Rough liegt, daß man ihn eigentlich nur mit einem Bulldozer bewegen kann. Aber nein! Wenn der Ball wirklich schrecklich schlecht liegt, dann ist es doch völlig sinnlos, aus einem keineswegs tragischen Fehler eine Scorekarten-Katastrophe werden zu lassen. Nehmen Sie ganz einfach einen Wedge, und schlagen Sie den Ball so gut es geht seitwärts aufs Fairway.

Spielen Sie diesen Ball ganz vom rechten Fuß, und halten Sie die Hände weit vor dem Ball. Dann ein kurzer, steiler Rückschwung mit stark abgewinkelten Handgelenken, gefolgt von einem ebenso steilen Abschwung, kräftig von oben »in den Ball hinein«. Der Ball muß nach dem Aufsetzen genügend Platz zum Ausrollen haben.

Schließen Sie Ihr Schlägerblatt im »Dschungel-Rough«

Aus purer Neugier fragte ich einmal Amateure, warum sie wohl beim Ansprechen eines in tiefem Rough liegenden Balles das Schlägerblatt aufdrehten. Dadurch, so versicherte man mir, würde doch der Loft verstärkt, und der wäre ja schließlich nötig, um den Ball dort herauszubekommen.

Aber das aufgedrehte Schlägerblatt macht die Sache nur schlimmer, weil das hohe Gras im Treffmoment gerade die Spitze des Schlägerblattes zurückreißt und ein sowieso schon offenes Schlägerblatt dann so weit aufdreht, daß es zu einem Shank führen kann. Deshalb propagiere ich für den Schlag aus dem »Dschungel-Rough« beim Ansprechen ein eher geschlossenes Schlägerblatt, *vorausgesetzt, daß man scharf von oben »in den Ball hineinschlägt«.* Wenn das Schlägerblatt nunmehr an der Spitze abgebremst wird, kann es im Treffmoment square an den Ball kommen.

Der Ball liegt hoch auf dem Gras

Liegt der Ball hoch auf einem Grasbüschel, also beinahe wie auf einem Tee, so werden Sie ihn wahrscheinlich erst dann treffen, wenn der Schlägerkopf bereits wieder leicht nach oben schwingt. Damit vergrößert sich der Loft des von Ihnen benutzten Schlägers automatisch um zwei Nummern. Aus einem Eisen 8 wird also ein Pitching Wedge, der Ball fliegt höher als geplant und kürzer.

Sie können das entweder durch einen entsprechend steileren Schläger ausgleichen oder nach meiner Methode vorgehen: Bleiben Sie bei dem ursprünglich gewählten Schläger, machen Sie einen kurzen, kompakten Schwung, und versuchen Sie, den Ball ganz *glatt* von dem Grasbüschel wegzuschlagen, so wie von einem Tee.

Der Ball liegt in sandigem Rough

Lange Eisen und Hölzer werden von Amateuren in sandigem Rough meistens »fett« in den Boden geschlagen, weil sie in dem Bemühen, den Ball hochzubekommen, den Schlägerkopf tief in den Boden schlagen.

Richtig ist dagegen ein flacher Schwungbogen, aus dem heraus Sie den Schlägerkopf im Treffmoment »durch den Ball« hindurchwischen. Konzentrieren Sie sich also darauf, den Schläger in einem eher flachen Bogen zurückzuschwingen, den Schlägerkopf »durch den Ball« hindurchzupeitschen und ihn danach voll durchzuschwingen.

Spezialtips für das Spiel auf Bermudagras

In Bermudagras-Rough, im Süden der USA und anderen warmen Gebieten, müssen Sie besonders darauf achten, den Ball ganz korrekt zu treffen. Schlagen Sie nämlich auch nur wenige Zentimeter hinter dem Ball in den Boden, kann der Schlag schon nicht mehr gelingen. Dazu die folgenden Tips:

1. Hände beim Ansprechen *vor* dem Ball
2. Im Rückschwung den Schläger mit der rechten Hand steil hochziehen
3. Einsatz der Beine und Hüften im Treffmoment *vor* den Händen
4. Volles Zuschlagen im Treffmoment mit der rechten Hand.

Eine Alternative zu den langen Eisen

Je tiefer der Ball im Rough liegt, desto wirkungsloser sind Schläge mit den langen Eisen. Dichtes, hohes Gras packt die Spitze ihres dünnen und leichten Schlägerblattes und verdreht es so stark, daß es kaum mehr square an den Ball zu bringen ist.

Kaufen Sie sich also lieber bei Ihrem Pro ein Spezialholz mit schwerem Kopf und starkem Loft. Diese eigens für solche Zwecke angefertigten Recovery-Schläger haben eine schwere Sohlenplatte, auf der der Schlägerkopf auch durch dichtes Gras gleiten und den Ball hochbekommen kann. Gut getroffen, kann es sogar ein »langer Schlag« werden.

Das Gras wächst zum Ziel hin

Gras, das *zum Ziel hin* wächst, bietet dem Schlägerkopf natürlich weniger Widerstand. Es verursacht andererseits leicht einen Flyer, dessen Länge sich nur schwer abschätzen läßt.

Nehmen Sie in einer solchen Lage also einen um ein bis zwei Nummern schwächeren Schläger, je nachdem, wieviel Gras sich Ihrer Berechnung nach im Treffmoment zwischen Ball und Schlägerblatt schieben wird, und schwingen Sie im übrigen ganz normal. Sie können aber auch bei dem stärkeren Schläger bleiben und dafür besonders weich und etwas von außen nach innen schwingen, so daß es ein leichter Fade wird.

Aus dichtem oder nassem Rough heraus wird ein Spezialholz mit schwerem Kopf und starkem Loft den Ball besser und weiter herausbefördern als ein langes Eisen.

Das Gras wächst Ihnen entgegen

Gras, das *vom Ziel weg wächst,* reduziert die Geschwindigkeit des Schlägerkopfes und damit natürlich auch die Länge des Schlages. Hier heißt es also einen entsprechend stärkeren Schläger zu nehmen, ihn steil hoch- und ebenso unter dem Ball hindurchzuschwingen, damit Sie den Ball schnell und hoch aus dem Rough herausbekommen.

Der weiche Pitch an eine schwierig plazierte Fahne

Einer der kritischsten Golfschläge ist der kurze Pitch aus schwerem Rough in der Nähe des Grüns an eine schwierig plazierte Fahne. Stellen Sie sich vor, den Ball anstatt aus dem Rough aus einem Bunker zu spielen. Nehmen Sie den Sand Wedge, drehen Sie das Schlägerblatt leicht auf, und spielen Sie den Ball wie einen Explosionsschlag aus einem Grünbunker. Schwingen Sie den Schläger kurz und steil zurück, und winkeln Sie die Handgelenke schon früh ab. Konzentrieren Sie sich beim Abschwung dann darauf, etwa fünf Zentimeter hinter dem Ball ins Gras und unter ihm hindurchzuschlagen. Die rechte Hand bestimmt diesen Schlag, darf aber nicht über die linke hinüberrollen. Der ganze Schlag sollte eher weich sein, und der schwere Schlägerkopf des Sand Wedge die Arbeit mehr oder weniger allein machen.

Schlag aus dem Rough in einem Aufwärtshang

1. Richten Sie Füße, Knie, Hüften und Schultern etwas nach links vom Ziel aus, und *lehnen Sie sich in den Hang.*
2. Greifen Sie den Schläger etwa vier bis fünf Zentimeter kürzer, um den Schlag besser zu kontrollieren.
3. Drehen Sie das Schlägerblatt ein wenig zu, um die Einwirkung des Grases im Treffmoment auszugleichen.
4. Schwingen Sie Arme und Schläger in einem Zug bis in Kniehöhe zurück. Lassen Sie dabei die Handgelenke fest und Ihr Gewicht primär auf der linken Seite.
5. Ziehen Sie den Schlägerkopf im Abschwung weich herunter, und schlagen Sie so nahe wie möglich hinter dem Ball in das Gras.

Bei einem Pitch aus dem Rough in einen Aufwärtshang sollten Sie so nahe wie möglich hinter dem Ball in das Gras schlagen.

Kapitel 12

Andere Recoveries

In meiner Auffassung des Golfs sowie in der Art, wie ich übe und spiele, liegt ein gewisser Widerspruch. Ich arbeite hart an der Perfektionierung eines stets wiederholbaren Schwunges und verbringe Stunden auf dem Übungsplatz damit, neue Schläge zu entwickeln und mir alte, bewährte einzuhämmern. Dabei träume ich dann manchmal davon, ich würde jeden Drive schnurgerade aufs Fairway, jeden Annäherungsschlag »tot« an die Fahne und jeden Birdie-Putt ins Loch spielen. Dabei weiß ich, daß das natürlich nur ein frommer Wunsch ist. Es gibt keinen perfekten Golfschwung, und niemand wird dieses wunderbare Spiel jemals wirklich beherrschen. Und wenn es wirklich so wäre, daß mir jeder Schlag hundertprozentig gelänge, dann hätte das Spiel damit seinen ganzen Reiz verloren, und ich würde es wahrscheinlich aufgeben.

Außerdem ist es für mich immer wieder eine großartige Herausforderung, den Ball aus schlechten Lagen oder anderen sonstigen Schwierigkeiten herauszubekommen. Wenn ich als Junge mit meinem Eisen 3 alle möglichen Schläge improvisierte, dann konnte es vorkommen, daß ich stundenlang nach einer narrensicheren Methode suchte, um aus einer ganz bestimmten kritischen Lage einen Ausweg zu finden. Und unter den Caddie-Freunden veranstalteten wir in der Dämmerung in Pedreña kleine Wettkämpfe um kostbare Peseten, bei denen es galt, Bälle aus besonders schlechten Lagen oder über ein imaginäres »Out of Bounds« zu spielen. So wurden wir kleine Meister im Improvisieren, indem wir voneinander lernten und Erfahrungen sammelten, die wir nie mehr vergaßen.

Bei all diesen kleinen Wettkämpfen war ich stets darauf aus, unbedingt zu gewinnen, was mir aus verschiedenen Gründen auch häufig gelang. Ich hatte ganz allgemein eine gute Konstitution, gute Nerven, den unstillbaren Wunsch, mich weiter zu verbessern, und eine lebhafte Phantasie, die mir half, die Schläge vorher ganz klar zu sehen. Eine besondere Herausforderung lag anfangs noch in dem ungewollten »Ein-Schläger-Spiel«. Ich konnte mich auch besser konzentrieren als meine Freunde, besonders in kniffligen Lagen. Aber auch wenn Vorstellung und Ausführung nicht übereinstimmten, so halfen mir doch die gemachten Fehler wiederum beim Ausdenken neuer Schläge.

Je intensiver ich in dieser Zeit übte, um so mehr kam ich zu der Überzeugung, daß ein »Houdini« des Golfs in erster Linie eine lebhafte Vorstellungskraft brauchen würde; und dies blieb die Grundlage meiner Recoveries. Liegt heute mein Ball in tiefem Rough, stelle ich mich direkt hinter den Ball, schaue aufs Ziel und warte dann geduldig auf »die Eingebung«. Manchmal sind es viele verschiedene Bilder, und es ist nicht immer leicht, das geeignetste herauszufinden. Ist es aber gelungen, so überlege ich den dazu *passenden* Schlag, wähle den entsprechenden Schläger und stelle mich dann an den Ball.

Der Amateur mit hohem Handicap, häufiger Partner in Pro-Ams, ärgert sich über jeden ins Rough abspringenden Ball, überhastet seinen Recovery und macht damit alles nur noch schlimmer. Am Schluß ist der Ball in seiner Tasche, und er ist mit seinen Nerven am Ende.

Das alles liegt weit hinter mir. Heute mache ich für einen schlechten Schwung nicht mehr die Golfgötter und für das unglückliche Abspringen eines Balles nicht mehr den Architekten oder Greenkeeper verantwortlich, sondern ausschließlich Seve Ballesteros! Natürlich ärgere ich mich, wenn mein Ball ins Rough saust, und ich kann das auch nicht ganz verbergen. Sobald ich aber dann am Ball bin, ist der Ärger verflogen, und ich konzentriere mich voll darauf, wie ich aus dem Schlamassel am besten wieder herauskommen kann. Je mehr Sie das beherrschen, desto größeren Spaß werden Sie am Schluß der Runde beim Aufaddieren Ihrer Scorekarte haben.

Der Schlag aus dem Wasser

Es gibt Gelegenheiten, bei denen Sie einen Recovery aus dem Wasser schlagen können. Dabei setze ich allerdings voraus, daß der Ball zumindest zur Hälfte aus dem Wasser herausschaut, und daß Sie einigermaßen sicher stehen können.

Bei diesem Schlag soll der Schlägerkopf mit möglichst geringem Widerstand durch das Wasser *schneiden*. Deshalb

Ein Pitching Wedge, ein kraftvoller Schlag steil von oben und keine Angst davor, naß und dreckig zu werden, sind die Voraussetzungen für einen Recovery aus dem Wasser.

ist der Pitching Wedge mit seiner scharfen Vorderkante und seinem starken Loft der optimale Schläger.

Spielen Sie den Ball weit vom rechten Fuß, Hände vor dem Ball; machen Sie einen kurzen, steilen Rückschwung, und schlagen Sie dann hart von oben kurz hinter dem Ball ins

Wasser, wie bei einem im Sand eingebohrten Ball. Ach ja, und vergessen Sie nicht, vor dem Schlag Ihre Regenhose anzuziehen!

Suchen Sie sich die Lücken

Ist ein Spieler gut aus dem Wald herausgekommen, so wird sein Partner vielleicht die alte Redensart gebrauchen, Bäume bestünden halt doch zu fünfzig Prozent aus Luft. Das inspiriert leider viele Golfer dazu, tollkühn sogar noch aus dem engsten Gehölz heraus schlagen zu wollen. Einmal mag dies gutgehen, aber auf die Dauer wird es sich niemals auszahlen.

Liegt der Ball schon mal im Wald, so kann man nur versuchen, irgendwo eine Lücke zu finden: je größer desto besser. Sollten sich sogar mehrere Wege bieten, so wählen sie den mit dem geringsten Risiko, und versuchen Sie dann, den Ball genauso zu spielen, wie Sie ihn sich vorgestellt haben.

Gibt es aber keine halbwegs gangbare Lücke, so vertrauen Sie bitte nicht auf einen Glücksschlag, sondern spielen Sie den Ball statt dessen sicher seitwärts heraus aufs Fairway.

»Auf den Busch klopfen«

Einen Strafschlag für eine »unspielbare Lage« zu akzeptieren und ein in sicherem Abstand gedroppter Ball sind oft der einzige Ausweg aus einer besonders widrigen Situation, aber entschließen Sie sich dazu bitte erst, nachdem Sie alle Möglichkeiten eines Recoveries geprüft haben. Dabei sollten Sie nicht vergessen, daß ein Golfschlag nicht unbedingt im Stehen ausgeführt werden muß.

Es frustriert mich immer wieder, wenn ein Spieler seinen Ball unter einem Busch aufnimmt, um ihn mit einem Strafschlag zu droppen, obwohl er ihn, auf den Knien schlagend, leicht herausbekommen hätte. Im Knien können Sie nämlich unter Umständen sehr gut unter den überhängenden Zweigen des Busches hindurchschwingen und den Ball zumindest zurück aufs Fairway befördern.

Ein Schlag auf den Knien erspart so manchen Strafschlag.

Beim Ansprechen eines solchen Schlages sind Ihre Hände naturgemäß nahe am Boden, der Schlägerschaft fast horizontal und das Schlägerblatt beinahe vertikal. Setzen Sie die Knie weit genug auseinander, strecken Sie die Arme locker aus, und drehen Sie das Schlägerblatt etwas zu, um den Ball einigermaßen sicher zu treffen. Drehen Sie die Hüften in den Schlag, schwingen Sie ohne den Einsatz der Handgelenke langsam und flach zurück. Bringen Sie dann im Abschwung die Schultern nur wenig in den Schlag, und schwingen Sie den Schläger mit den Armen leicht durch den Ball hindurch, so daß Sie ihn gewissermaßen unter dem Busch »herauswischen«.

Ein langer Schlag aus dem Divot

Spezialhölzer, die Nummern 5, 6, 7 und sogar 8, haben eine runde Sohlenplatte, einen starken Loft und viel Kopfgewicht;

sie eignen sich daher hervorragend für lange Schläge aus flachen Divots.

Zwei Regeln sind dabei zu beachten:

1. Stehen Sie offen am Ball, legen Sie siebzig Prozent Ihres Gewichts auf die linke Seite, und schwingen Sie besonders steil zurück.

2. Schlagen Sie im Abschwung kräftig von oben mit beiden Händen nach unten und »durch den Ball« hindurch.

Kiefernnadeln

Halten Sie beim Schlagen von losen Kiefernnadeln den Schlägerkopf beim Ansprechen hinter dem Ball über dem Boden in der Schwebe, um das Risiko eines Strafschlages (sich bewegender Ball) auszuschalten.

Kiefernnadeln sind rutschig, und ein fester Stand auf ihnen ist nicht ganz einfach. Kiefernnadeln hängen außerdem in einem losen Verbund zusammen, so daß sich auch bei einem vorsichtigen Aufsetzen des Schlägerkopfes der Ball bewegen kann. Ich empfehle daher dringend, den Schlägerkopf beim

Ansprechen hinter dem Ball über dem Boden in der Schwebe zu halten, um so das Risiko eines Strafschlages (sich bewegender Ball) auszuschalten. Halten Sie die Hände vor dem Ball und das Gewicht zum größten Teil links, machen Sie einen steilen Rückschwung, und schlagen Sie ebenso steil von oben »in den Ball hinein« und »durch ihn hindurch«, wobei die Hände im Treffmoment vor dem Ball sind.

Der Abpraller

Liegt der Ball so nahe am Baum, daß Sie ihn nicht mit dem Blick aufs Ziel ansprechen, aber ansonsten frei schwingen können, so müssen Sie nicht unbedingt seitwärts herauschippen oder aber mit einem Strafschlag als unspielbar droppen.

Der Ball läßt sich vielleicht wie im Billard von der Bande als »Abpraller« gegen den Baum und zurück aufs Grün spielen.

Stellen Sie sich normal an den Ball, und richten Sie sich nach links vom Baumstamm aus. Auf diese Weise kann der Ball Sie beim Abprallen nicht treffen. Machen Sie mit einem mittleren Eisen einen langsamen, kurzen und steilen Rückschwung, und schlagen Sie dann – ohne jeden Durchschwung – »in den Ball hinein«. Ohne langwieriges, intensives Üben wird man allerdings kaum in der Lage sein, die Stärke des Schlages und den Auftreffwinkel auf dem Stamm richtig einzuschätzen.

Ball in tiefem Divot

Versuchen Sie doch auch einmal meine Methode für den kurzen oder mittleren Annäherungsschlag aus einem Fairway-Divot.

Stellen Sie sich offen an den Ball, und spielen Sie ihn vom linken Fuß. Schwingen Sie im Rückschwung bewußt nach außen und verschieben im Abschwung die Beine nach links, damit Sie mit dem Schlägerkopf auf einer eher flachen Bahn von außen nach innen »durch den Ball« hindurchschneiden können. Das Ergebnis wird ein hoher Fade, der schnell liegen bleibt. Sie werden also einen um mindestens eine Nummer stärkeren Schläger dafür zu nehmen haben.

Der linkshändige Schlag

Der Linksschlag ist für den Rechtshänder eigentlich nur ein Verzweiflungsschlag, kann aber unter Umständen, eine Notlösung sein.

Nehmen Sie einen Schläger mit starkem Loft, legen Sie am Schaft die linke Hand unter die rechte, und drehen Sie das Schlägerblatt dann so, daß seine Spitze nach unten zeigt und

Der billardartige Schlag gegen den Baumstamm kann in einer solchen Situation hilfreich sein.

es in dieser Stellung den Ball treffen kann. Machen Sie dann mehrere Probeschwünge, um wenigstens ein gewisses Gefühl für diesen unnatürlichen Schwung zu bekommen. Schwingen Sie den Schläger so kurz und weich wie möglich zurück und »in« den Ball hinein.

Ist die Lage jedoch so miserabel, daß selbst ein guter Linksschlag kaum etwas helfen könnte, so sollten Sie sich lieber dazu entschließen, den Ball mit einem Strafschlag aufzuheben und zu droppen.

Ball im Klee

Beim Schlag aus dem Klee verbietet sich ein flacher Schwungbogen, weil sich dann im Treffmoment so viele Kleeblätter zwischen Ball und Schlägerblatt schieben, daß der Schlag zu einem unkontrollierten Flyer wird.

Sie müssen also steil von oben »in den Ball hineinschlagen«, ihn aus diesem Grund eher vom rechten Fuß spielen, das Gewicht auf der linken Seite lassen, und die Handgelenke im Rückschwung dann sehr schnell abwinkeln.

Wie präzise Sie den Ball auch treffen mögen, es wird im Treffmoment immer etwas Klee zwischen Ball und Schlägerblatt sein. Der Ball wird also weiter fliegen, und Sie sollten dies durch einen entsprechend schwächeren Schläger ausgleichen.

Der Bump Shot

Der kleine Pitch über eine steile Kante oder einen kleinen Hügel an eine dicht dahinter stehende Fahne gilt als einer der delikatesten Schläge im Golf. Scheuen Sie sich, den Ball direkt aufs Grün zu pitchen, so bietet sich als Alternative der Bump Shot an, bei dem Sie den Ball mit einem steileren, kurz gefaßten Schläger gegen den Hügel spielen, so daß er über ihn springt und auf der anderen Seite dann zum Loch hin ausrollt.

Zuerst müssen Sie das Terrain untersuchen. Ist der Boden weich und das Gras hoch, so müssen Sie stärker zuschlagen und/oder den Ball an einem höheren Punkt gegen den Hügel spielen. Sind Boden- und Grasbedingungen normal, so kann als Faustregel gelten, den Ball gegen einen Punkt in zwei Drittel der Höhe des kleinen Hügels zu spielen, so daß er diesen nach zweimaligem Aufspringen überwunden hat. Sind Boden und Gras dagegen hart und kurz, kann man den Ball mit einem mittleren Eisen vor dem Hügel aufsetzen und dann vollständig darüberrollen lassen.

Da der Ball ja in keinem Fall hoch fliegen soll, werden Sie ihn vom rechten Fuß spielen, die Hände *vor* dem Ball halten, mit festen Handgelenken kurz zurückschwingen und den Ball aus einem flachen Schwungbogen heraus treffen. Auch dies ist ein Schlag, den Sie mit verschiedenen Schlägern aus unterschiedlichen Entfernungen üben sollten, bis Sie in Beurteilung und Ausführung des Schlages eine gewisse Sicherheit erreicht haben.

Harter Boden

Der häufigste Fehler des Durchschnittsgolfers bei einem Schlag von hartem Boden besteht in dem Versuch, den Ball hochzulöffeln. Dabei ist es so gut wie unvermeidlich, daß sein linkes Handgelenk im Treffmoment nachgibt und die rechte Hand daraufhin das Schlägerblatt mit der Vorderkante gegen die obere Hälfte des Balles schwingt.

Machen Sie sich den Schlag doch nicht unnötig schwer! Überlassen Sie vielmehr dem Schläger die Arbeit. Solange Sie Ihre Hände beim Ansprechen und während des ganzen Schlages gut *vor* dem Ball halten, werden Sie diesen mit einem ganz normalen Schlag auch exakt treffen.

Da sich das Schlägerblatt beim Auftreffen auf den harten Boden etwas aufdrehen kann, sollten Sie das durch ein leichtes Zudrehen beim Ansprechen des Balles ausgleichen.

Der Sand-Läufer

Ihr Ball liegt in Fahnenhöhe seitlich von einem sehr schnellen Grün. Zwischen Ihrem Ball und dem Grün ist ein flacher Bunker, hinter dem die Fahne steht. Ein normaler Pitch würde also über das Loch hinausgehen.

Rollen Sie den Ball so durch den Bunker hindurch, daß er es auf der anderen Seite dann gerade noch bis zum Loch schafft.

Die Schlägerwahl hängt fast ausschließlich von der Beschaffenheit des Sandes ab. Ist er weich, spielen Sie ein Eisen 7 so, daß der Ball nur einmal im Sand aufsetzt und dann aufs Grün rollt. Bei festerem Sand empfiehlt sich ein flach geschlagenes Eisen 5, das ein paarmal im Sand aufsetzt, bevor es aufs Grün rollt.

Die Technik ist die gleiche wie beim normalen Chip: also ein Schlag weitgehend ohne Handgelenkeinsatz mit den Händen während des ganzen Schlages *vor* dem Ball. Ist der Sand so weich, daß der Ball an ihm hängenbleiben könnte, rollen Sie Ihre rechte Hand im Treffmoment etwas schneller über die linke.

Dadurch dreht sich das Schlägerblatt etwas zu, und der Ball erhält einen leichten Hook/Topspin.

Zwei Schläge von sandigem Untergrund

Von einer sandigen, nur dünn mit Gras bewachsenen Fläche in der Nähe des Grüns läßt sich ein Ball auf zwei verschiedene Weisen an die Fahne spielen.

Liegt er auf gleicher Höhe mit dem Grün, und ist es noch ein längerer Weg bis zur Fahne, dann empfiehlt sich der »Running Chip« mit einem mittleren Eisen.

Ein hochliegendes Grün und eine dicht am Rand stehende Fahne zwingen Sie dagegen zu einem hohen, weich aufsetzenden Ball, mit anderen Worten: zu einem Explosionsschlag wie aus dem Bunker. Der Sand wird wahrscheinlich fester und gröber sein als in einem Bunker. Drehen Sie das Schlägerblatt des Sand Wedge deshalb nur wenig auf, machen Sie einen weichen kompakten Rückschwung, und schlagen Sie danach hart von oben etwa zweieinhalb Zentimeter hinter dem Ball in den Boden. Der Ball wird steil hochfliegen und nach dem Aufsetzen nur ganz kurz ausrollen.

Heide

Begeisterte Golfer werden früher oder später den Weg nach Schottland finden, wo aller Wahrscheinlichkeit nach die Wiege des Golfsports stand. Sie werden das Spiel auf den dortigen Plätzen um so mehr genießen, je besser Sie mit der Heide fertig werden: jenem wilden, zähen, rosig blühenden Gewächs, das sich um die Hälse der Schlägerköpfe wickelt und die Schlägerblätter zudreht wie nichts anderes auf diesem Planeten.

Wenn Sie nicht das unwahrscheinliche Glück haben, den Ball auf den oberen Zweigen der Heide »schwebend anzutreffen«, dann vergessen Sie bitte jeden weiten, ambitiösen Schlag. Nehmen Sie den Pitching Wedge, suchen Sie den kürzesten Weg zurück zum Fairway, und handeln Sie dann wie folgt:

1. Spielen Sie den Ball vom rechten Fuß aus einem offenen Stand.
2. Fassen Sie den Schläger fest mit beiden Händen.
3. Drehen Sie das Schlägerblatt auf, ohne es hinter dem Ball aufzusetzen. Heide ist ein sehr bewegliches Gewächs, so daß die leiseste Berührung mit dem Schlägerkopf den Ball aus seiner Lage und Ihnen einen Strafschlag bringen würde.
4. Halten Sie während des ganzen Schlages ca. siebzig Prozent Ihres Gewichtes auf dem linken Fuß.
5. Machen Sie einen steilen, *V-förmigen,* ruhigen Auf- und Abschwung, und schlagen Sie den Schlägerkopf dann hart von oben in den Ball hinein. Viel Glück!

Schlagen Sie dem Ball »auf den Bauch«

Manchmal liegt ein Ball direkt am Grünrand, jedoch mit der einen Seite gegen das höhere und dichte Gras des Vorgrüns. Das ist für den unerfahrenen Golfer ein gewisses Problem, weil er zwar gerne seinen Putter benutzen würde, aber Angst hat, beim Rückschwung in dem dichten Gras hängen zu bleiben.

Nehmen Sie deshalb Ihren Sand Wedge, fassen Sie ihn ganz kurz, und setzen Sie seine vordere Kante hinter den Ball genau gegen seine Mitte. Der Schlägerkopf wird nicht fest aufgesetzt, sondern eher in der Schwebe gehalten, so daß er frei zurückschwingen kann.

Halten Sie den Körper still, und schwingen Sie den Schläger nur mit den Armen ruhig zurück und wieder »in den Ball hinein«, und treffen Sie ihn in seiner Mitte oder etwas darüber. Er wird dann wie ein Putt rollen. Aber ich warne Sie! Dieser Schlag ist nicht einfach, erfordert Übung und ein sicheres Auge, weil man den Ball ebenso leicht »zu dünn« wie »zu fett« treffen kann.

Nasses Gras

In nassem Gras muß man den Ball sehr exakt treffen, weil man sonst leicht einen zu großen Divot herausschlägt. Nehmen Sie einen etwas stärkeren Schläger, um nicht pressen zu müssen, und spielen Sie den Ball mehr von dem rechten Fuß.

Kurz, aber hoch

Der kurze hohe Schlag, zum Beispiel über einen dicht vor Ihnen stehenden Baum, ist gar nicht so schwer.

Der Ball soll nicht nur hochfliegen, er soll auch auf dem Grün weich aufsetzen. Stellen Sie sich dazu offen an den Ball, und spielen Sie ihn von der Innenseite des linken Fußes. (Das Ausrichten nach links begünstigt einen steilen Rückschwung, und die Lage des Balles am linken Fuß gewährt, daß Sie im Schlag hinter und *unter* dem Ball bleiben. Das Gewicht liegt während des ganzen Schlages vornehmlich rechts. Greifen Sie Ihren Sand Wedge etwas leichter als sonst, damit Hände und Handgelenke sich ungehindert drehen und Sie einen langsamen, langen und ganz weichen Schwung machen können. Je nach Höhe des Hindernisses wird das Schlägerblatt aufgedreht. Dadurch daß das Gewicht rechts liegt, bleiben die Hände hinter dem Ball und erhöhen somit den Loft des Schlägers.

Im Rückschwung werden Sie die Handgelenke frühzeitig und vollständig abwinkeln und im Abschwung den Schlägerkopf unter dem Ball hindurch in ein hohes Finish schwingen.

Der flache Schlag

Muß der Ball flach gehalten werden, zum Beispiel unter Zweigen hindurch, so ist die Schlägerwahl besonders schwierig. Wahrscheinlich werden Sie sich zwischen einem Eisen 2,

3 oder 4 entscheiden, je nachdem wie tief die Zweige hängen und wie der Ball liegt.

Fassen Sie den Schläger kurz. Das ergibt einen engen Schwungbogen, und Sie können den Ball flach halten. Spielen Sie den Ball weit genug vom rechten Fuß, so daß die Hände vor dem Ball sind, und legen Sie Ihr Gewicht zum größten Teil auf den linken Fuß.

Machen Sie dann einen kompakten Dreiviertel-Rückschwung. Achten Sie beim Abschwung darauf, daß das Griffende des Schlägers im Treffmoment vor dem Schlägerblatt ist. Damit reduzieren Sie den Loft und halten den Ball ganz flach. Rechnen Sie damit, daß der Ball nach dem Aufsetzen weit ausrollen wird.

Der Draw

Die Fähigkeit, den Ball absichtlich in einem Bogen von rechts nach links zu schlagen, setzt Sie in die Lage, um Doglegs oder Hindernisse herumzuspielen und dem Flug des Balls generell etwas mehr Länge zu geben.

In jungen Jahren spielte ich einen Draw mit starkem Griff, aus geschlossenem Stand mit flachem Schwungbogen, und ließ die rechte Hand beim Treffen des Balles schnell über die linke hinüberrollen. Seither weiß ich aber, daß dies eine eher mühsame Methode ist. Richten Sie statt dessen Ihre Füße, Hüften und Schultern parallel zu der Linie aus, auf der Ihr Ball starten soll, und das Schlägerblatt *square zu Ihrem endgültigen Ziel,* also *geschlossen* im Verhältnis zur Linie, auf der Ihr Ball starten wird. Je mehr Linksdrall der Ball bekommen soll, desto mehr muß Ihr Körper nach rechts zeigen und das Schlägerblatt zugedreht werden.

Wenn Sie so am Ball stehen, fehlt nur noch ein ganz normaler Schwung, und der Ball wird sein Ziel in einem schönen Bogen von rechts nach links erreichen.

Denken Sie daran, daß ein so geschlagener Ball ziemlich niedrig fliegen und nach dem Aufsetzen weit ausrollen wird.

Der Fade

Die Beherrschung des Fade sollte für einen guten Golfer eine Selbstverständlichkeit sein, weil der Ball mit diesem Schlag höher fliegen und weicher auf dem Grün aufsetzen wird.

Den Ball auf die eine oder andere Art zu steuern, ist eine lohnende Kunst.

Richten Sie Ihren Körper beim Ansprechen nach links, die Schlagfläche jedoch genau auf das Ziel aus. Fassen Sie den Schläger mit der linken Hand eher fest und mit der rechten leichter. So kann die linke Hand den Schlägerkopf »in den Ball hinein- und durch ihn hindurchführen«, ohne daß die rechte im Treffmoment »überrollt«. Abgesehen davon sollte dies ein ganz gewöhnlicher Schwung sein.

Da Sie parallel zu Ihrer Körperausrichtung schwingen, verläuft die Schwungbahn des Schlägerkopfes von außen nach innen, und der Ball startet nach links. Die Schlagfläche ist im Verhältnis zu dieser Schwungbahn jedoch offen, wodurch der Ball einen kräftigen Rechtsdrall bekommt, der ihn im Bogen zum Ziel zurücktragen wird. Ein so geschlagener Ball wird höher fliegen und schneller abstoppen. Also Achtung bei der Schlägerwahl!

Aufwärts-Lage

Der Aufwärtshang erhöht den natürlichen Loft des Schlägers und läßt den Ball demzufolge höher und kürzer fliegen. Nehmen Sie also je nach Neigungswinkel einen entsprechend stärkeren Schläger.

Aus der Hanglage ergibt sich auch ein Gleichgewichtsproblem. Neigen Sie beim Ansprechen des Balles den Körper etwas nach rechts, so daß Sie möglichst im rechten Winkel zum Hang stehen. Um nun im Rückschwung nicht hangabwärts nach hinten zu kippen, suchen Sie sich mit dem rechten Fuß einen sicheren Stand, so daß Sie gegen die feste rechte Seite hochschwingen können, während das linke Knie mehr als sonst nachgibt.

Bei dieser Stellung werden die Hüften nur wenig »in den Schlag« kommen, was ganz in Ordnung ist, weil der Schwung weitgehend aus den Händen und Armen heraus erfolgen sollte, um Ihr Gleichgewicht nicht zu gefährden.

Abwärts-Lage

Der Abwärtshang verringert den natürlichen Loft des Schlägers, und Sie können daher einen entsprechend schwächeren verwenden. Stellen Sie sich möglichst im rechten Winkel zum Hang an den Ball, und legen Sie Ihr Gewicht primär auf den

Bei Aufwärtslagen sollten Sie den Schläger weitgehend aus den Händen und Armen heraus ohne merklichen Einsatz der Beine schwingen.

Endgültiges Ziel
Zwischenziel
Aufrecht stehen
Gewicht auf den Zehen

rechten Fuß, um nur ja nicht hangabwärts in den Schlag hineinzufallen.

Schwingen Sie den Schläger mit möglichst geringem Körpereinsatz, aber freien Händen, Handgelenken und Armen steil zurück. Lassen Sie die Knie im Ab- und Durchschwung betont flexibel, um den Ball nicht zu toppen, vielmehr voll hangabwärts durch ihn hindurchzuschwingen und ihn sozusagen den Hang *hinunter zu jagen.*

Sie stehen unterhalb des Balls

In diesem Fall werden Sie flacher schwingen, und die rechte Hand wird besonders stark in den Schlag kommen. Das ergibt für den Ball eine Flugbahn von rechts nach links. Richten Sie also beim Ansprechen des Balles Körper und Schlägerblatt nach rechts vom Ziel aus, analog zum Winkel des Hanges. Stehen Sie möglichst aufrecht, damit sich die Schwungbahn des Schlägerkopfes der Hangneigung anpassen kann. Um nicht nach hinten zu kippen, werden Sie Ihr Gewicht gleichmäßig auf die Zehen beider Füße legen. Machen Sie dann einen weichen, kompakten Schwung und konzentrieren Sie sich darauf, den Ball mehr vom Hang wegzuwischen und den Schlägerkopf auf keinen Fall einzubohren.

Sie stehen oberhalb des Balls

In diesem Fall fliegt der Ball von links nach rechts, weil Sie übermäßig steil schwingen müssen und die Hüften nicht so leicht zur Seite drehen können, daß die rechte Hand wirklich frei durchschwingen und das Schlägerblatt im Treffmoment square an den Ball bringen kann. Richten Sie also Körper und Schlagfläche nach links vom Ziel aus. Beugen Sie sich mit weiter gestellten Füßen aus den Knien tief über den Ball, und greifen Sie den Schläger am äußersten Ende des Griffes.

Sie werden nicht sehr weit zurückschwingen können, was aber durchaus von Vorteil ist, weil Sie nur so diesen schwierigen Schlag wirklich kontrollieren können. Achten Sie beim Abschwung darauf, daß die Knie unbedingt flexibel bleiben, sonst richten Sie sich womöglich auf und schlagen den schönsten Top. Erwarten Sie bitte vor allem an einem steilen Hang von einem solchen Schlag keine Wunder.

Liegt der Ball oberhalb Ihrer Füße, so wird er je nach Hangneigung mehr oder weniger stark nach links fliegen.

ÜBER DIE REINE TECHNIK HINAUS

Kapitel 13

Richtiges Üben

Das Üben ist eine sehr persönliche Angelegenheit, Konzept und Praxis sind daher höchst unterschiedlich. Über den Zweck dieser Betätigung vor einer Runde sind sich die guten Spieler aber einig.

Als erstes wollen wir unsere Muskeln lockern und uns innerlich auf das zu erwartende Spiel einstellen. Im übrigen wollen wir das richtige Schwunggefühl für die kurzen und langen Schläge bekommen und auch dafür, wie man die kurzen Schläge – Pitch, Chip und Putt – ans und ins Loch bringt.

Etwas anderes ist es mit dem Üben nach der Runde. Bei mir ändert es sich unter Umständen von Tag zu Tag ganz erheblich, abhängig von meiner Stimmung, vom Platz, den ich gespielt habe und vom Funktionieren meines langen und kurzen Spiels. Manchmal beschäftige ich mich damit, den Einsatz von rechter Hand und Hüfte aufeinander abzustimmen oder das gesamte Timing zu verbessern. Ich kann auch ein oder zwei Stunden damit zubringen, einen einzigen vollen Schlag oder einige Details des kurzen Spiels zu üben oder einen Schwungfehler dadurch auszumerzen, daß ich immer wieder an der gleichen Stelle im Schwung anhalte, bis ich mit ihm zufrieden bin.

Üben vor der Runde

Niemals mache ich volle Schwünge, ohne mich vorher völlig gelockert zu haben. Die Gefahr einer Muskelzerrung, vor allem im Rücken, ist sonst viel zu groß. Ich fange also immer damit an, den Driver hinter meinem Rücken durch beide Ellbogen zu stecken und mich dann aus den Hüften vorsichtig hin- und herzudrehen. Als nächstes nehme ich zwei oder drei Eisenschläger zusammen und schwinge sie ein paarmal langsam vor und zurück.

Das eigentliche Bälleschlagen setzt mit ganz leichten, halben Sand Wedges ein und steigert sich langsam zu längeren und schnelleren Schwüngen mit jedem zweiten Eisen in der Tasche, bis ich schließlich beim Holz 3 und dem Driver angekommen bin. Mit diesen langsamen und leichten Schwüngen stimme ich das Timing (den Ablauf aller Einzelbewegungen des Schwungs) und das Tempo (die Geschwindigkeit des gesamten Schwungablaufs) aufeinander ab, so daß am Ende dieses Aufwärmens mein voller Schwung harmonisch und abgerundet ist.

Aber nicht einmal am Ende meiner Übungsstunde werden Sie bei mir volle, mit aller Kraft geschlagene Bälle erleben. Diese Lektion habe ich auf schmerzliche Art und Weise 1976 am letzten Tag der British Open in *Royal Birkdale* lernen müssen. Ich war damals 19 Jahre alt und lag zu Beginn der letzten Runde zwei Schläge vor Johnny Miller. Als ich vor der Runde auf den Übungsplatz kam, erwartete mich eine riesige Zuschauermenge, Journalisten, Fotografen, um »diesen Wunderknaben« zu bestaunen. Ich erinnere mich heute noch an die »Ohs« und »Ahs«, als ich einen Riesendrive nach dem anderen in die Gegend schlug. Das war zwar für mein Ego wundervoll, aber ich war leider noch viel zu unerfahren, um zu merken, daß mein Schwungtempo mit jedem Schlag schneller wurde. Doch selbst wenn ich das erkannt hätte, wäre ich wahrscheinlich nicht beunruhigt gewesen, weil mein Schwung so rhythmisch verlief, daß das Timing gut sein mußte. Ich traf etwa zwanzig Drives genau im Sweetspot und war überzeugt davon, perfekt zu schwingen.

Auf dem Platz sah dann alles ganz anders aus. Ich brauche während eines Turniers genügend Zeit, um die Schläge zu planen und mich zwischen den Schlägen in meinem »Kokon« zu entspannen. Die viel zu schnellen und starken Schläge auf dem Übungsplatz wirkten sich nun leider auf die Schläge im Spiel aus. Ich war völlig durcheinander, und das gute Timing der vergangenen drei Tage war wie weggeblasen. Alles ging jetzt viel zu schnell. Meine Schläge vom Tee entsprachen dem, was die Spieler der US Tour »Soldatengolf« nennen – links, rechts, links, rechts –, und die mit den langen Eisen geschlagenen Bälle blieben auf den Grüns nicht liegen. Auch die kurzen Schläge ums Grün spielte ich viel zu hastig. Ich kam mir vor wie der Geschäftsmann, der verschlafen hat, sich schnell rasiert, duscht, anzieht, zum Zug und dann ins Büro rast, den ganzen Tag nicht mehr zur Ruhe kommt und natürlich alles mögliche falsch macht. Mein Spiel war so unberechenbar, daß ich bereits am sechsten Loch die Führung verloren hatte und an der Wende schon fünf Schläge über Par lag. Wäh-

Das Üben beginnt mit den leichten Wedges: Aufwärmen und Lockern der Muskeln, Einstimmung auf Schwungtempo und -rhythmus.

rend der zweiten Hälfte konnte ich mich zwar etwas fangen, aber es war natürlich viel zu spät, und ich endete als ein enttäuschter Zweiter.

Heute höre ich nach drei guten, voll getroffenen Übungsdrives sofort auf; höchstens noch den einen oder anderen für eine bestimmte Schwungkorrektur. Danach aber spiele ich mehrere kurze Wedges, um den Schwung wieder in ruhige Bahnen zu lenken. Dann nur noch das kurze Spiel am Übungsgrün.

Dreißig Minuten sind vor einer Runde die maximale Übungszeit für Bunkerschläge, Chips und Putts. Dauerte es länger, ließe nur die Konzentration nach.

Bunkerschläge spiele ich von verschiedenen Stellen, um die Beschaffenheit des Sandes zu prüfen. Kommt der Ball aus einer normalen Lage eher flach und schnell heraus, so deutet das auf einen ziemlich festen Untergrund. Auf der Runde werde ich den Sand Wedge dann etwas mehr aufdrehen und etwas schärfer von oben »in den Ball hineinschlagen«, um ihm Backspin zu geben. Bei ausgesprochen hartem Boden werde ich sogar lieber einen Pitching Wedge nehmen und besonders hart hinter dem Ball in den Boden schlagen. Fliegen die Bälle bei einem normalen Schlag sehr hoch, so ist der Sand weich. Ich drehe das Schlägerblatt dann nur wenig auf und versuche, es flach unter dem Ball hindurchzuschwingen.

Chips übe ich nie sehr lange, weil ich sie recht gut beherrsche. Aber ein paar kurze und auch lange aus dem unterschiedlichen Gras des Vorgrüns spiele ich doch, mit verschiedenen Schlägern, weil ich daraus ersehe, wie aggressiv ich diese Bälle auf der Runde schlagen kann oder wie vorsichtig ich sie spielen muß.

Auf dem Übungsgrün genügen mir in der Regel einige längere Aufwärts- und Abwärtsputts, um dessen Schnelligkeit zu erkennen. Danach konzentriere ich mich auf die ganz kurzen »Angstputts«, die so häufig über einen guten oder schlechten Score entscheiden. Normalerweise lasse ich meine Putts gerade ins Loch plumpsen. Sind die Grüns aber entweder superschnell oder extrem langsam, so schlage ich vor allem die kürzeren Putts eher fester, damit sie mir nicht »ablaufen« oder zu kurz geraten.

Versäumen Sie es nie, vor einer Runde auch einige »Angstputts« zu üben, weil diese oftmals über einen guten oder schlechten Score entscheiden.

Anderes Üben

Normalerweise gehe ich nach jeder Runde, sie mag gut oder schlecht gewesen sein, sofort auf den Übungsplatz; es sei denn,

daß ich zu erschöpft oder über mein Spiel so frustiert bin, daß auch ein weiteres Herumexperimentieren nicht mehr helfen und eher schaden würde.

Das Üben ist bei mir niemals Selbstzweck. Wenn ich mich aus irgendeinem Grund nicht hundertprozentig darauf konzentrieren kann, lasse ich es lieber und mache mir statt dessen ein paar Notizen über spezielle Schwungprobleme, die ich dann am nächsten Tag mit um so größerer Energie in Angriff nehmen kann.

So kommt es schon mal vor, daß mir auf dem Übungsplatz irgendwelche Schwungideen einfallen, die ganz vernünftig erscheinen, sich aber nicht ohne weiteres in die Praxis umsetzen lassen. Dann gehe ich ins Hotel und überdenke das alles in Ruhe.

Sind Timing und Tempo des Schwunges in Ordnung, konzentriere ich mich auf irgendwelche Schwachpunkte oder spezielle Schläge, die auf dem betreffenden Platz häufig vorkommen. So sind zum Beispiel die Grüns des Augusta National wellig und extrem schnell. Also verbringe ich vor den Masters Stunden damit, auf dem Übungsgrün Richtung und Stärke der Putts aus unterschiedlichen Ansprechpositionen so lange zu üben, bis ich mich ganz sicher fühle und vertrauensvoll auf die Runde gehen kann.

Die für die US Open präparierten Plätze haben außerhalb der Fairways und rund ums Grün immer dichtes Rough. Deshalb übe ich lange und kurze Annäherungsschläge aus einem solchen Rough. Auf vielen europäischen Plätzen, vor allem an der Küste bei der British Open, spielt der Wind eine große Rolle, weshalb diese Spezialschläge systematisch geübt werden müssen. Auch die Bunker sind bei der British Open schwer, tief wie eine Grube mit übermannshohen Kanten, und selbst für Spitzenspieler oft ein Problem. Zur Vorbereitung darauf experimentiere ich mit verschiedenen Sand Wedges mit unterschiedlichem Loft.

Am härtesten trainiere ich aber in den Turnierpausen zu Hause in Pedreña, wobei Dauer und Art des Übens von meinem gerade aktuellen Spielstandard abhängen. Dies kann sich auf den Schwung ganz allgemein beziehen oder auf solche Fragen wie Griff, Stellung am Ball, Zielansprache und Ausrichten. Das *Gefühl* für den Körpereinsatz ist mir dabei besonders wichtig, damit er richtig reagiert, wenn das rein technische Können einmal nachlassen sollte.

Klappt alles wie gewünscht, gehe ich auf den Platz und stelle mir zum Beispiel selbst die Aufgabe, einen bestimmten Score

Das Üben aus schwierigen Lagen ist eine gute Vorbereitung auf unerfreuliche Überraschungen auf der Runde.

erreichen zu müssen, um eine große Meisterschaft zu gewinnen. Oder ich spiele die ganze Runde mit nur einem Schläger. Nach dem Mittagessen kommt dann wieder die »Knochenarbeit«: das kurze Spiel auf dem Pitch-and-Putt-Platz in Pedreña, oft bis zum Einbruch der Dunkelheit.

Bin ich in einem Formtief, experimentiere ich so lange mit unterschiedlichen Positionen des Balles, Stellungen am Ball sowie Ausrichtung der Schlagfläche und des Körpers, bis ich mein altes Schwunggefühl wiedergewonnen habe. Eventuell auftauchende Fehler werden sofort zu beseitigen versucht. Drehen die Bälle zum Beispiel häufig von links nach rechts, schwinge ich wahrscheinlich zu langsam und bringe Arme und Beine nicht so wirkungsvoll in den Abschwung, daß die Schlagfläche im Treffmoment square ausgerichtet ist. Um mehr »Pfiff« in meinen Bewegungsablauf zu bringen lege ich ein Dutzend Bälle im Abstand von dreißig Zentimeter in eine Reihe und schlage sie hintereinander ohne abzusetzen.

Produktives Üben beinhaltet konstantes Arbeiten an den Grundprinzipien des Golfschwunges, an den Vorbereitungen auf den Schwung und an der Perfektion aller Einzelheiten. Bälle schlagen mit dem Lieblingsschläger *vor* der Runde schafft Selbstvertrauen, ebenso nach der Runde geschlagene Bälle mit dem am wenigsten geliebten Schläger. Schläge aus Divots, von hängenden und tiefen Lagen, von losen Blättern und Kiefernnadeln, unter Bäumen hindurch oder über sie hinweg, von nassem oder trockenem Boden und all den anderen verrückten Situationen, mit denen man auf einer Runde konfrontiert wird, bereiten Sie auf alles Erwartete und Unerwartete vor. Chippen mit verschiedenen Schlägern macht Ihr kurzes Spiel vielseitiger, und Putten mit geschlossenen Augen lenkt Ihre Aufmerksamkeit mehr auf den Schlag als auf das Loch. Zum ernsthaften Üben gehören auch Schläge im Wind sowie aus guten und schlechten Lagen in Rough und Bunker. Spielen Sie normalerweise einen Draw, so gehört auch der absichtliche Fade dazu und umgekehrt. Der Sinn des Übens liegt nicht zuletzt darin, ein auf dem Übungsplatz neu gefundenes Schwungkonzept auf der Runde in die Praxis umzusetzen, selbst wenn Sie den Ball nicht gleich hundertprozentig treffen. Und vergessen Sie nicht: *Etwas häufiger auf die Driving Range und etwas seltener auf den Platz zu gehen, ist der einzige Weg, einmal so gut zu spielen, wie Sie es sich wünschen.* Glauben Sie mir: Im Endeffekt wird sich dies immer auszahlen.

Erkenntnisse aus dem Flug des Balles

Beim Üben vor dem Spiel achte ich besonders darauf, wie der Ball bei vollen Schlägen fliegt und wie er bei Chips und Putts rollt. Jedes deutliche Abweichen vom normalen Verhalten weist auf einen Fehler hin, den ich beim Ansprechen des Balles im Schwung und Schlag mache. Ich kenne mein Spiel so gut, daß ich den Fehler meistens sehr schnell erkenne und ihn noch vor Beginn der Runde ausmerzen kann.

Wie andere Spieler verfalle auch ich immer wieder in die alten Fehler. So zeigen mir nach links verzogene kurze Eisen an, daß meine Hände beim Ansprechen hinter dem Ball waren und mein Schlägerblatt dadurch sowohl beim Ansprechen als auch im Treffmoment nach links ausgerichtet war. Ein leichtes Verschieben der Hände *vor* den Ball genügt meistens, um diesen Pull zu korrigieren. Schlage ich lange Eisen zu hoch und schwach, so deutet das auf ein »Reverse Pivoting« hin: mein Körper schwankt im Rückschwung nach links und das Gewicht wird im Abschwung fast ruckartig nach rechts verlagert. Dadurch treffe ich den Ball viel zu spät: wenn der Schläger bereits wieder nach oben schwingt, anstatt richtig »durch ihn hindurchzuschwingen«. Ich werde also mein Gewicht im Rückschwung ganz bewußt auf den rechten Fuß verlagern und erst im Abschwung wieder nach links.

Flach nach links gehende Abschläge zeigen an, daß meine Schultern beim Ansprechen des Balles nach links zeigen und nicht square zum Ziel ausgerichtet sind. Dadurch kommt die rechte Schulter im Abschwung nach außen, und ich schlage auch von außen »over the top« mit geschlossener Schlagfläche in den Ball hinein.

Wiederholt rechts am Loch vorbeigehende Putts sind ein sicheres Zeichen dafür, daß meine Hände zu weit vor dem Ball sind und das Schlägerblatt dadurch nach rechts verdrehen. Ich muß daher meinen Griff ändern, so daß sie *über* dem Ball sind und der Rücken der linken Hand square zur Schlagfläche des Putters und der Puttlinie des Balles steht.

Leider schleichen sich manchmal auch Fehler ein, die durch kleine Berichtigungen nicht sofort auszumerzen sind. Das kann mir zum Beispiel mit einem Fade passieren. Ich hüte mich aber vor irgendwelchen gewaltsamen Korrekturen, denn ich weiß aus langer Erfahrung, daß so etwas vor einer Runde wenig sinnvoll ist. Ich bleibe also bei meinem ganz normalen Schwung und kompensiere den Fade dadurch, daß ich mich bei allen Abschlägen etwas nach links ausrichte.

Tempostudien

Ich schwinge eher langsam, in einem Tempo, bei dem die Bewegungen des Schlägers und des Körpers harmonisch aufeinander abgestimmt sind. Richtiges Tempo und Timing sind die Voraussetzung für einen stets wiederholbaren, korrekten Schwungverlauf.

Leider gerät mir mein Schwungtempo manchmal zu schnell und verdirbt den Schwungrhythmus. Bei Amateuren liegt das meistens daran, daß sie den Ball besonders hart schlagen wollen. Bei mir ist es eher eine Reaktion auf die Windverhältnisse europäischer Plätze, auf denen ich so häufig spiele. Bei ständigem Wind wird mein Schwung leicht kürzer und schneller, ohne daß ich es merke. Zum Ausgleich dafür unterziehe ich mich nach jeder Runde einer speziellen Tempostudie. Ich suche mir ein etwa hundertfünfzig Meter entferntes Ziel, und dorthin schlage ich dann aufgeteete Bälle mit Driver, Eisen 3 und Eisen 5 und bemühe mich, jeden Schläger im gleichen Tempo zu schwingen. Manchmal nehme ich auch ein mittleres Eisen und schlage die Bälle mit dicht beieinander stehenden Füßen. Dabei kommt der Schlag eher aus den Armen heraus, während die Hände vor allem eine Kontrollfunktion haben und weniger als »Kraftquelle« dienen.

Entsprechen die Längen der einzelnen Schläge den während des Spiels erzielten Weiten, weiß ich, daß mein Schwungtempo wieder korrekt ist.

Schlägerwahl

Ich kenne die mit jedem meiner Schläger zu erzielenden Weiten genau, bei einem vollen oder Dreiviertelschwung, langsamem oder schnellem Tempo, bei einem Draw, Fade, hohen oder flachen Schlag, aus leichtem oder schwerem Rough, vom Fairway und vom Abschlag, bei Gegen- oder

Rückenwind, trockenem oder nassem Wetter. Der durchschnittliche *Carry* beträgt bei einem normalen Schwung und unter normalen Spielbedingungen:

Schläger	*Carry*
Driver	225 m
Holz 3	212 m
Eisen 1	198 m
Eisen 2	189 m
Eisen 3	180 m
Eisen 4	171 m
Eisen 5	162 m
Eisen 6	153 m
Eisen 7	144 m
Eisen 8	135 m
Eisen 9	126 m
Pitching Wedge	117 m
Sand Wedge	81 m

Die Wahl des falschen Schlägers ist bekanntlich der sicherste Weg zu einem schlechten Schlag. Ich kann Ihnen also nur dringend raten, durch intensives Üben auch Ihre erzielten Längen mit den einzelnen Schlägern möglichst genau zu bestimmen.

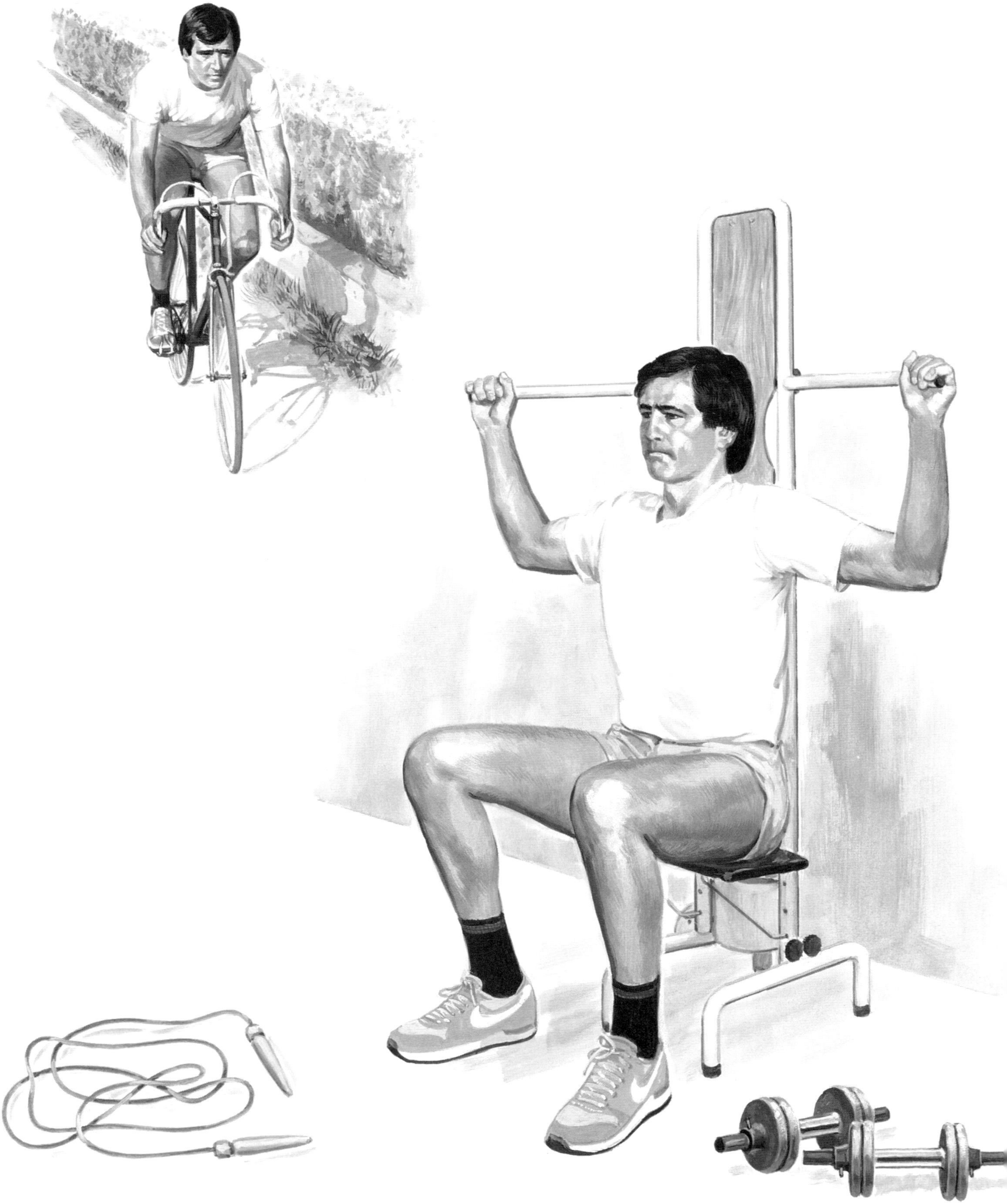

Kapitel 14

Vernünftig leben

Niemand, der mich kennt, würde mich als einen Fitneß-Fanatiker bezeichnen. Was aber nicht bedeutet, daß ich mich nicht durch eine vernünftige Ernährung und körperliches Training in Form halte. Nur dann bin ich in der Lage, wirklich gut zu spielen. Auch auf Reisen mache ich morgens ein bißchen Gymnastik und am Abend Yoga, um die Spannungen des Tages abzubauen und acht Stunden schlafen zu können.

Für die Turnierpausen zu Hause habe ich mir ein festes Programm zusammengestellt, mit gymnastischen Übungen an einem Nautilus-Gerät, außerdem Schwimmen, Radfahren, Tennis und Jagd auf Enten und Kaninchen.

Als Junge hatte ich sozusagen »Hummeln in der Hose« und konnte eine ungeheure Energie für Dinge aufbringen, die mir Spaß machten. Einen Golfschläger zu schwingen, Fußball zu spielen, zu fischen oder mich sonstwie mit Freunden zu amüsieren – all das war sehr viel lustiger als die Arbeit auf unserem Hof. Aber durch das Schleppen von Getreidesäcken und Viehfutter, das Ausmisten der Ställe und als Laufbursche meines Vaters, wurde ich doch ein ganz kräftiger Bursche, und das ist für mein heutiges Spiel natürlich außerordentlich hilfreich. Wie wichtig das Fitbleiben ist, erkannte ich 1974, als ich Gary Player zum ersten Mal traf. Ich saß reichlich enttäuscht in einer Ecke der Garderobe des *Wedgewood Park Country Club* in Südafrika, nachdem ich ein Turnier als Vierzigster beendete, das Gary Player gewonnen hatte. Ich war ein unerfahrenes, siegloses europäisches Tour-Greenhorn, und da kam dieser berühmte Golfer auf mich zu und prophezeite mir, daß ich das Zeug zu einem internationalen Meister hätte. Die Voraussetzung dazu sei allerdings, daß ich mehr auf meine physische Fitneß achte, um nicht auf den letzten Löchern der Runde abzubauen und unter diesem Druck dann mein Schwungtempo und Timing zu verlieren – wie es gerade geschehen war. Ich nahm mir Garys Rat sehr zu Herzen.

Hier sind ein paar Tips, wie ich mich fit halte – und wie Sie es auch tun könnten.

Die Beine

Die Beine müssen kräftig sein, um die Drehbewegung des Körpers im Auf- und Abschwung aufzufangen. Fühle ich mich auf meinen Beinen sehr sicher, so strahlt das auf den ganzen Körper aus.

Seilspringen ist ein vorzügliches Training für die Beinmuskeln und das Herz. Außerdem hilft es, das richtige Timing und den Rhythmus zu finden.

Die Hüften

Der Golfschwung bedingt eine äußerst anstrengende Drehbewegung der Hüften, besonders im Abschwung. Zur Stärkung und Flexibilität dieser Muskeln schwinge ich eine Fünf-Pfund-Hantel mit der rechten Hand nach oben und dann unter vollem Einsatz der rechten Seite wieder nach unten und wiederhole das zehn- bis fünfzehnmal.

Die Hände, Handgelenke und Unterarme

Kraft und Präzision sind verloren, wenn der Schlägerkopf während des Schwunges hin- und herwackelt. Um das zu verhindern, trainiere ich die Muskeln der Hände, Handgelenke und Unterarme.

So presse ich vor dem Fernseher oder im Flugzeug einen harten Gummiball hundertmal zusammen. Eine weitere gute Übung besteht darin, ein Fünf-Pfund-Gewicht an ein Seil zu hängen, dieses Seil dann mit ausgestreckten Armen nach vorne zu halten und das Gewicht mit beiden Händen wechselseitig greifend hochzuziehen.

Ernährung

Mein Ernährungsplan enthält etwa 55 % Kohlehydrate, 30 % Fett und 15 % Eiweiß. Kohlehydrate dominieren, weil sie mir die Energie geben, die ich Woche für Woche für 72 Löcher Turniergolf plus Übungsrunden dringend benötige. Deshalb esse ich kohlehydratreiche Müsli, Erdbeeren, Pfirsiche, Spinat, Broccoli, Bohnen, Erbsen, Kartoffeln, Mais und Nudeln.

Früher dachte ich, man müsse unter allen Umständen Fett vermeiden; bis mir ein Ernährungsfachmann erklärte, daß Fette nicht nur Energiespender sind, sondern auch wertvolle Vitamine enthalten. Da zuviel Fett aber schädlich ist, esse ich mehr Fisch als Fleisch, gekochtes Gemüse, Magermilch und frisches Obst zum Nachtisch. Und zwischendurch halte ich mich an rohes Gemüse, Vollkorn-Crackers oder einfachen Joghurt.

In fremden Ländern zu essen ist für mich immer noch ein Problem. Es gibt ja die Geschichte von dem amerikanischen Tennis-Star, der sich für die Spiele in Wimbledon mit der Concorde aus New York »White Castle Hamburgers« einfliegen ließ. Ich suche mir im Branchentelefonbuch immer spanische Restaurants, und wenn ich keine finde, halte ich mich an Fisch, Geflügel, Ballaststoffe, Gemüse und frisches Obst oder mache mir selbst ein spanisches Omelett.

Zu Hause

Frühstück: Omelett oder Rührei, Vollkorn-Toast, Müsli mit frischem Obst, Orangensaft und dann eine Tasse koffeinfreien Kaffee.
Mittagessen: Fischsuppe oder ein leichtes Fischgericht, frisches Obst, kohlensäurefreies Mineralwasser.
Abendessen: Paella, Geflügel oder frischen Fisch (Seezunge oder Seehecht habe ich am liebsten) und manchmal Kalbfleisch. Mit dem Fleisch stets eine spanische Tortilla.

Unterwegs

Frühstück: Birne, Apfel, Banane und Orange im Mixer püriert, ein weichgekochtes Ei, Vollkorn-Toast, ein Glas Magermilch oder koffeinfreien Kaffee.
Mittagessen: Gemüsesuppe, gemischter Salat ohne Dressing, einige Scheiben Schweizer Käse, Schinken, Salami und mehrere Gläser Mineralwasser, frische Erdbeeren oder Pfirsiche.
Abendessen: Forelle blau, frischen Spinat, Spargel, Salzkartoffeln, Mineralwasser, manchmal ein Glas Rotwein oder Bier, oder eine Mischung aus Bier mit Zitronenlimonade, einen sogenannten »Shandy«.

44

Kapitel 15

Geist und Golf

Immer wieder höre ich Amateure über die Frage diskutieren, ob Golf eher eine mentale oder eine physische Aufgabe darstellt. Für mich ist die Antwort völlig klar. Sind Sie erst einmal in der Lage, einen korrekten Schwung stets zu wiederholen, und beherrschen Sie die Schläge des kurzen und langen Spiels in ausreichendem Umfang, so entscheidet sich alles weitere »zwischen den Ohren«. Und je größer Ihre Hoffnung ist, sich und Ihr Handicap zu verbessern, desto mehr müssen Sie Ihre geistigen Fähigkeiten stärken, also Selbstvertrauen, Konzentration, Mut und den immer wieder erforderlichen gesunden Menschenverstand.

Ich glaube es war 1980 auf den zweiten neun Löchern der Masters in Augusta, als ich die Bedeutung der mentalen Seite des Golfs zum ersten Mal richtig erkannte. Die Löcher 10, 12 und 13, so schön und so gefährlich, wurden für mich zu einem Alptraum, zu einer schwer zu lösenden mentalen Aufgabe.

Nach Runden von 66, 69, 68 für einen Gesamtscore von 203 lag ich zu Beginn der Schlußrunde mit sieben Schlägen in Führung. Mit einer 33 auf den ersten neun Löchern konnte ich am Sonntag die Führung sogar um weitere drei Schläge erhöhen. Drei Putts auf eine Entfernung von sechs Metern am zehnten Loch leiteten dann eine Serie völlig unnötiger gedanklicher Fehlleistungen ein. Am kurzen zwölften, einem Par-3-Loch, schlug ich den Ball, bevor ich mir richtig überlegt hatte, welchen Schläger ich nehmen sollte, landete prompt im Teich vor dem Grün und hatte ein Doppel-Bogey auf der Karte. Am nächsten Loch schwang ich beim zweiten Schlag so langsam, daß ich den Ball »fett« traf und ihn in den »Rae's Creek« jagte, was mich ein Bogey kostete. Als ich danach auf das Score-Board sah, erkannte ich zu meinem Entsetzen, daß die einstmals großartige Führung inzwischen auf kümmerliche drei Schläge zusammengeschrumpft war. Ich kam mir vor wie ein Boxer, der ausgezählt wird. Den Drive am vierzehnten Loch spielte ich mit aller Konzentration, und dabei wurde mir deutlich bewußt, was es heißt: »Mens agitat molem« (der Geist bewegt die Materie).

Ich hatte schon Turniere in der ganzen Welt gewonnen und dabei manche Krise überwunden, aber ich hatte es nie lernen müssen, mich selbst aus dem Sumpf wieder herauszuziehen, so wie es alle wirklich guten Spieler in einer verzweifelten Situation fertigbringen. Die lebhafte Erinnerung an eine gemeinsame letzte Runde mit Gary Player bei den Masters 1978 half mir schließlich, mich wieder zusammenzureißen.

Ich erlebte es damals, wie Gary bei einer der größten Aufhol-Jagden in der Geschichte des Golfs »Augusta auseinandernahm«. Zu Beginn der Schlußrunde lag Gary Player sieben Schläge hinter dem führenden Hubert Green. Loch für Loch schloß er die Lücke immer mehr und erzwang dann buchstäblich den Sieg mit seinem starken Willen. Als wir auf dem dreizehnten Fairway gemeinsam zum Grün gingen, deutete er auf die dort stehenden Zuschauer und sagte: »Seve, die Leute glauben alle, ich könnte nicht mehr gewinnen. Aber paß auf, ich werde es ihnen zeigen!« Und er schaffte es, dank einer fast unglaublichen Willenskraft und einer spektakulären physischen Leistung. In einem der sensationellsten Finale dieser Meisterschaft spielte er auf den letzten zehn Löchern sieben Birdies, damit insgesamt eine 64 und gewann so seine dritten Masters.

Die Erinnerung an dieses Comeback gab mir 1980 mein Selbstvertrauen und meinen Mut zurück. Ich vergaß die Fehler und konzentrierte mich voll auf jeden einzelnen vor mir liegenden Schlag. Und so gewann ich allmählich auch wieder die positive innere Einstellung der ersten drei Runden. Die letzten Löcher in Par, Birdie, Par, Par, Par genügten dann zum Sieg.

Selbstvertrauen

Die beste Definition von Selbstvertrauen ist für mich *vollstes Vertrauen.* Auf das Golfspiel übertragen bedeutet dies: Wenn der Spieler denkt, daß er einen guten Schlag machen wird, so geschieht dies auch – unter der Voraussetzung, daß seine positive innere Einstellung auf einem korrekten Schwung und der Fähigkeit zu guten Schlägen basiert, die durch intensives und systematisches Üben entwickelt wurde.

Die lebhafte Erinnerung an das sensationelle Comeback von Gary Player in Augusta im Jahr 1978 brachte mir 1980 mein Selbstvertrauen zurück und meinen ersten Masters-Sieg. Diese Erfahrung machte mir bewußt, was es heißt: »Der Geist bewegt die Materie« (Mens agitat molem).

Je intensiver Sie sich vorbereiten, desto größer wird Ihr Selbstvertrauen, desto geringer der auf Ihnen lastende Druck und desto wahrscheinlicher der Erfolg. Übertragen Sie, wie alle guten Golfer, dieses Prinzip auf Ihr Spiel, und Sie werden eine sehr viel positivere innere Einstellung gewinnen, zum ganzen Spiel und zu jedem einzelnen Schlag. Schließlich denken Sie dann nicht mehr stets daran *wie* Sie den Ball treffen wollen, sondern nur noch *wohin* – ein wichtiger Schritt zu einem guten Score.

Konzentration

Meine Konzentrationsfähigkeit habe ich schon in frühen Jahren entwickelt. Ich mußte mich schon ganz gehörig auf Griff, Stellung am Ball und den Schwungboden konzentrieren, um mit diesem überlangen, entsetzlich unpraktischen Eisen 3 überhaupt etwas zustande zu bringen. Damals habe ich gelernt, mich in einen »mentalen Kokon« einzuspinnen, und das ermöglicht es mir bis auf den heutigen Tag, jedem einzelnen Schlag meine ungeteilte Aufmerksamkeit zu schenken. Wahrscheinlich muß ich mich deshalb auch über eine Runde eher »quälen«, während Spieler wie Lee Trevino oder Fuzzy Zoeller zwischen den einzelnen Schlägen lachen und Witze machen.

Ich blicke immer durch einen imaginären Tunnel auf mein Ziel, stelle mir dabei einen perfekt gespielten Schlag vor, und stelle mich dann für genau diesen Schlag an den Ball. Das ist gut für die Nerven, hält meine Gedanken bei der Sache und schiebt alle Ablenkungen beiseite.

Mut

Ein Freund von mir, der Hundetrainer ist, erzählte mir die merkwürdige Geschichte eines furchtlos-furchtsamen Mannes. Er wurde einmal in das Haus eines der berühmtesten spanischen Matadore gerufen, eines Mannes, der als großer Macho in der Arena bekannt war. Die Frau dieses berühmten Mannes führte einen Schäferhund an der Leine ins Wohnzimmer. Plötzlich riß sich das Tier los und tobte wild bellend im Haus herum. Nun erwartete ich natürlich, daß mein Freund mir berichten würde, wie der Stierkämpfer den Hund mit seinen Händen zu Boden gezwungen hätte. Aber nichts dergleichen geschah – der Matador sprang zitternd vor Angst auf den Tisch.

Das Einspinnen in einen undurchdringlichen Kokon ist für mich der sicherste Weg zu voller Konzentration. Wenn diese permanente Anspannung für Sie aber zu viel ist, so versuchen Sie, sich zwischen den einzelnen Schlägen zu entspannen und aus dem Kokon herauszuschlüpfen – wie Trevino es tut.

Auch ein Mann mit starkem Charakter kann, aus seinem Element gerissen, zu einem schwachen Menschen werden. Das läßt sich auch aufs Golf übertragen. Viele Golfer erreichen niemals ihre an sich mögliche Spielstärke, weil sie es nicht lernten, den unerwarteten Herausforderungen während einer Runde mutig entgegenzutreten. Das sind dann die Burschen, die ihre Schläger in die Luft werfen, dauernd vor sich hin schimpfen oder nach ein paar unglücklich abgesprungenen Bällen und schlechten Löchern aufgeben und nach Hause gehen. Ihr Problem ist, daß sie Perfektion erwarten, während der erfahrene, intelligente – und mutige – Golfer das unvorhersehbare Geschehen des Spiels akzeptiert, es bewältigt, und so gut er kann weiterkämpft. Selbst an einem besonders schlechten Tag wird dieser Spieler sich auf jeden Schlag voll und ganz konzentrieren. Sein Score entspricht seinem besten Können an diesem Tag, und dieser Sieg über sich selbst wird ihn für kommende Aufgaben stärken. Mut wird also meiner Ansicht nach nicht ererbt, sondern aus Erfahrung, Charakterfestigkeit und Entschlossenheit entwickelt. Der mutigste Spieler der Welt ist für mich immer noch Jack Nicklaus. Nie werde ich sein furchtloses Auftreten bei der British Open 1981 im *Royal St. George's* vergessen.

Vor einer großen Meisterschaft trainiert Jack immer mehrere Tage auf dem betreffenden Platz, um sich alle Ecken und Winkel genau zu merken. Dies tat er auch damals, so daß Jack der British Open voller Vertrauen entgegensah. Aber keiner weiß besser als er, wie sehr das Spiel aus heiterem Himmel »zusammenbrechen« kann. Er sollte es am ersten Tag der Meisterschaft am eigenen Leibe erfahren.

Jack spielte eine »83«, die schlechteste Runde, die er jemals in einer Meisterschaft fabriziert hatte. Und was sagte er der Presse unmittelbar danach! »Besser ging es heute nicht, ich habe jeden Schlag mit voller Konzentration gespielt.« Was für eine fabelhafte Haltung – und welche Lektion für alle Golfer!

Gesunder Menschenverstand

Mich fasziniert immer wieder, welche Risiken einige meiner Amateurpartner in Pro-Ams freiwillig eingehen, die sie an dem betreffenden Loch dann häufig ein »X« (gestrichen: Loch aufgegeben) kosten. Sie würden niemals davon träumen, 200 km/h schnell zu fahren oder ihr Vermögen am Kartentisch einzusetzen, aber auf dem Golfplatz werfen sie noch den letzten Rest an gesundem Menschenverstand über Bord. Jeder Golfer kommt während einer Runde in Situationen, wo er zwischen Wagnis und Sicherheit entscheiden muß. Beim Drive mag es darum gehen, ein Dogleg abzuschneiden oder sicher und kurz geradeaus zu schlagen. Beim Annäherungsschlag kann die Entscheidung zwischen einem direkten Schlag zur Fahne und dem sicheren Weg auf die freie Grünfläche liegen. Bei einem Abwärtsputt über eine Distanz von sieben Metern auf einem schnellen Grün kann man mutig »aufs Loch gehen« und einen langen Rückputt riskieren oder mit aller Vorsicht in den imaginären Ein-Meter-Kreis ums Loch putten, um auf jeden Fall mit zwei Schlägen einzulochen. Die Liste ist endlos, die Entscheidung mal leichter und mal schwerer; aber im Grunde ist es immer das gleiche Problem: Ein von gesundem Menschenverstand geleiteter Spieler wird seine jeweilige Risikofreudigkeit von einer *realistischen Einschätzung seiner eigenen Fähigkeiten* abhängig machen.

Das aber verlangt vom Spieler ein hohes Maß an Disziplin – und das ist vielleicht das wichtigste Wort eines Golf-Lexikons.

SEVERIANO BALLESTEROS

Das Bild einer Karriere

Severiano Ballesteros

Geboren: 9. April 1957 in Pedreña, Spanien
Größe: 1,80 m
Gewicht: 87,5 kg
Hobbys: Boxen, Radfahren, Fußball, Tennis, die Jagd, Schach
Professional seit 1974
Vertragliche Bindung: La Manga Club, Spanien
Verheiratet seit 1988

Internationale Meisterschaft

1979 British Open
1980 U.S. Masters
1983 U.S. Masters
1984 British Open
1988 British Open

Sonstige Turniersiege in aller Welt

1976: Dutch Open
Lancome Trophy (France)
1977: French Open
Uniroyal International (U.K.)
Swiss Open
Japanese Open
Dunlop Phoenix (Japan)
Otago Classic (Japan)
1978: Greater Greensboro Open (U.S.A.)
Martini International (U.K.)
German Open
Scandinavian Enterprise Open (Sweden)
Swiss Open
Kenya Open
Japanese Open
1979: English Golf Classic
1980: Madrid Open
Martini International (U.K.)
Dutch Open
1981: Suntory World Match-play Championship (U.K.)
Australian PGA Championship

Scandinavian Enterprise Open (Sweden)
Benson & Hedges Spanish Open
Dunlop Phoenix (Japan)
1982: Suntory World Match-play Championship (U.K.)
Paco Rabanne French Open
Cepsa Madrid Open
1983: Westchester Classic (U.S.A.)
Carrolls Irish Open
Lancome Trophy (France)
Sun City Challenge (Bophuthatswana)
Sun Alliance PGA (U.K.)
1984: Suntory World Match-play Championship (U.K.)
Sun City Challenge (Bophuthatswana)
1985: USF & G Classic (U.S.A.)
Suntory World Match-play Championship (U.K.)
Carrolls Irish Open
Peugeot French Open
Sanyo Open (Spain)
Benson & Hedges Spanish Open (U.K.)
1986: Dunhill British Masters
Carolls Irish Open
Johnnie Walker Monte Carlo Open
Peugeot French Open
KLM Dutch Open
Lancome Trophy (tied) (France)
1987: Master Suze Open (France)
Spanish PGA
1988: Open de Baleares (Mallorca)
Westchester Classic (U.S.A.)
Scandinavian Open (Sweden)
German Open

Internationale Mannschaftswettbewerbe

Ryder Cup Team: 1979, 1983, 1985, 1987
1987 schlug Ballesteros Curtis Strange, Amerikas leading Moneywinner, im Einzelmatch des letzten Tages und besiegelte damit den ersten Sieg des europäischen Teams in Amerika.

Dunhill Cup: 1985, 1986
Hennessy Cognac Cup: 1976, 1978
World Cup Team: 1975, 1976, 1977
Ballesteros gewann den World Cup 1976 mit Manuel Pinero und 1977 mit Antonio Garrido

PGA European Tour Order of Merit – Rang

Jahr	*Preisgeld**	*Rang*
1987	138842	6
1986	259275	1
1985	165154	3
1984	142577	5
1983	113864	2
1982	74617	10
1981	65928	7
1980	52090	3
1979	47411	2
1978	54348	1
1977	46436	1
1976	39504	1
1975	4995	26
1974	2915	118

* in Pfund Sterling

Verschiedene Höhepunkte seiner Laufbahn

European Tour Vardon Trophy Winner (erfolgreichster europäischer Spieler): 1976, 1977, 1978, 1986
Niedrigste Runde seiner ganzen Laufbahn: 61, Nissan Cup (Japan) 1984.